NOUS SOMMES
TOUJOURS LÀ

Une anthologie de résilience,
de douleur et d'espoir inébranlable
des étudiants des universités de Gaza

Édité par
Zahid Pranjol et Jacob Norris

Daraja Press

Publié par
Daraja Press
https://darajapress.com
Wakefield, Québec, Canada
2025

ISBN : 978-1-997742-17-3 (couverture souple)
ISBN : 978-1-997742-18-0 (ePub)
© Zahid Pranjol & Jacob Norris
Tous droits réservés

Conception de la couverture et composition : Kate McDonnell

Les données de catalogage avant publication sont disponibles
auprès de la Bibliothèque et Archives Canada.

Survivant aux extrêmes les plus sombres de la souffrance – destruction et déplacement, famine et menace constante de mutilation ou de mort – ces jeunes écrivains s'adressent à nous avec une lucidité saisissante. Leur résilience est leur seule forme d'optimisme. Et paradoxalement, les lire élève le cœur.

> – **Ian McEwan**, auteur de *Atonement* et *Enduring Love*

Une collection émouvante, douloureuse et pourtant porteuse d'espoir, issue de la jeune génération du peuple de Gaza. Le *sumud*, la résilience, n'a jamais été aussi puissant et limpide que dans cette œuvre urgente et incontournable.

> — **Ilan Pappé**, professeur au *Collège des Sciences Sociales et des Études Internationales* de l'Université d'Exeter, auteur de *A Very Short History of the Israel-Palestine Conflict*

Au cœur de la souffrance naissent les mots – et la créativité pousse de sous les décombres. Ce livre est bien plus qu'un recueil de pages écrites ; il est l'écho d'âmes résilientes et le cri de plumes qui ont parlé quand les voix ont été réduites au silence.

> — **Professeur Dr. Omar Kh. Melad**,
> Président de l'Université Al-Azhar – Gaza

Nous sommes toujours là n'est pas un livre sur la guerre — c'est un livre sur la vie, après que le monde a décidé que vous étiez déjà mort, écrit dans des pièces qui n'existent peut-être plus. Ces pages sont des dépêches venues du fil ténu du présent : lettres de la faim, fragments de vies interrompues, éclats d'un espoir si tenace qu'il brûle. Ici, des jeunes façonnent le témoignage de leur passage sur terre, conscients que ce passage pourrait être bref. Vous ne quitterez pas ce livre avec le réconfort d'une conclusion. Il restera avec vous longtemps après avoir tourné la dernière page.

> — **Leila Sansour**, cinéaste et fondatrice de *Open Bethlehem*

Ces réflexions poignantes de Gaza, en prose et en poésie, surgies au cœur du génocide, sont à la fois déchirantes et pleines de vie et de promesse. Israël a pu physiquement tuer nombre de ces jeunes auteurs, mais jamais il ne pourra tuer leurs mots, qui survivent et vibrent dans cette puissante collection de leurs écrits.

> — **Ghada Karmi**, auteure de *In Search of Fatima* et *Return : A Palestinian Memoir*

Celui qui prononce l'éloge funèbre
est le plus misérable de tous.

– Mariam Marwan Malaka

À tous les étudiants palestiniens — les déplacés,
les affamés, les endeuillés, les réduits au silence.
À ceux dont les rêves se sont brisés en plein élan,
dont les salles de classe se sont transformées en gravats,
dont les avenirs ont été ensevelis
avant même de pouvoir commencer.
Ce livre est pour vous.
Pour porter vos voix au-delà des checkpoints,
par-delà les frontières,
et jusque dans le cœur du monde.

Table des matières

RÉFLEXIONS

POÈMES

Prologue

Depuis avril 2024, nous travaillons en étroite collaboration avec des étudiants des universités de Gaza, en essayant de leur offrir un soutien alors qu'Israël détruisait systématiquement l'infrastructure académique de Gaza. Nous avons commencé par leur fournir des supports pédagogiques, un accompagnement dans la recherche et une formation en langue anglaise. Très vite, nous avons réalisé que ces étudiants portaient en eux un désir indomptable d'écrire et de témoigner. En écoutant leurs mots, nous avons été profondément touchés par leur beauté et leur force, toujours plus convaincus de la nécessité de les faire entendre au-delà des frontières.

Nous présentons ici une sélection de leurs créations – des textes qui traduisent leur douleur, leurs espoirs et leurs réflexions. Beaucoup de ces courts essais et poèmes ont été griffonnés sur des bouts de papier, au milieu des décombres, leurs auteurs incertains de voir le lendemain. Certains ont été rédigés en anglais, d'autres en arabe. La traduction française est basée sur l'une ou l'autre des versions pour chaque texte, dans le but de refléter au mieux la voix de leurs auteurs. L'objectif, tout au long, a été de préserver l'urgence et l'émotion brute dans lesquelles ces textes ont été forgés.

Ces étudiants ne sont pas des écrivains reconnus ni des auteurs publiés. Ce sont de jeunes gens ordinaires, traversant un génocide et cherchant à donner un sens à l'impensable. Chaque contribution est un témoignage vivant de la force d'une génération qui continue de persévérer, de résister et de s'exprimer – même dans les heures les plus sombres.

Le ciblage délibéré et l'assassinat d'universitaires et d'étudiants signifient que certaines des jeunes voix qui ont contribué à ce livre ne seront peut-être plus en vie au moment où vous lirez ces lignes. Pourtant, leurs esprits continuent de proclamer : Nous sommes toujours là.

Nous espérons que leurs mots toucheront vos cœurs et laisseront en vous une empreinte durable.

Zahid Pranjol et Jacob Norris (éditeurs), Université du Sussex

▲ Université Al-Azhar avant

Université Al-Azhar après ▼

Nous sommes toujours là :
Voix de la génération étudiante de Gaza

Ce livre n'est pas simplement un recueil d'histoires et de poèmes.

C'est un battement de cœur.

Un cri.

Un témoignage.

Nous avions des visions de cérémonies de remise de diplômes, de fêtes familiales, de matins ordinaires. À la place, nous nous sommes réveillés dans la guerre. La faim. Le silence.

Nous vivons sous siège, dépouillés non seulement de nourriture et d'abri, mais aussi des éléments les plus fondamentaux de l'humanité, de la liberté et de la sécurité. Dans un monde qui nous a tourné le dos, où nos histoires se perdent sous les décombres et les gros titres, nous écrivons – car écrire, c'est résister.

Nous écrivons en ayant faim.

Nous écrivons à la lueur des bougies, sous le bourdonnement des drones.

Nous écrivons sans savoir si nous survivrons la nuit.

Ce livre nous donne ce que le monde nous a refusé : une voix.

Ici, vous trouverez des fragments de vies interrompues, des espoirs différés, des avenirs en suspens. Mais vous trouverez aussi la résilience. Dans chaque vers, dans chaque souvenir, nous refusons l'effacement. Nous documentons notre douleur, notre désir, notre force et, par-dessus tout, notre humanité inébranlable.

Lisez ces mots non pas comme des tragédies lointaines, mais comme des vérités vécues en temps réel. Écoutez-les. Portez-les. Laissez-les résonner.

Car être entendus, c'est exister.

Et nous refusons de disparaître dans le silence.

Écrit par les étudiants des universités de Gaza, Palestine

RÉFLEXIONS

Ceux que j'aimais sont partis

Dunia Raafat Shamia

Une grande lumière se répand sur la ville et dans mon cœur.

Je n'ai plus le temps de vivre mon deuil comme j'en avais l'habitude,
ni de m'offrir un instant de paix.
Les jours passent à l'identique, et tout ce que je ressens,
c'est le désespoir.
Je titube dans ma chambre, espérant retrouver mes esprits –
mais je n'y parviens pas.

Un combat intérieur sans fin, sans repos. Des voix dans ma tête,
assez fortes pour me mettre à genoux.
Comment parvenir à se secourir quand on est seul ?
Comment se sauver de… soi-même ?

La vie a toujours été difficile – pleine d'épreuves et de confusion –
mais ces jours-ci sont les plus cruels et les plus douloureux de tous.
Je suis Dunia, fille du martyr Raafat. Je n'ai pas encore vingt ans.
J'ai perdu mon père dans la guerre de 2008. Je ne me suis jamais
remise de la douleur et de l'amertume de la séparation qui m'ont
atteinte depuis plus de dix ans. J'ai vécu orpheline.

J'avais un oncle qui m'aimait beaucoup, et je l'aimais encore plus.
Il était mon pilier, celui qui me rappelait le plus mon père –
que Dieu ait son âme.
Nous nous asseyions ensemble pour prendre le café. Je m'illuminais
lorsqu'il venait, et je le grondais lorsqu'il manquait une visite.
Le 7 octobre 2023, le destin me l'a arraché. Le destin m'a arraché
celui sans qui la vie n'a plus de goût. Mon héros m'a quittée et
m'a laissée dans des larmes continues, le cœur brisé.

Quand j'ai appris qu'il était tombé martyr, mes jambes se sont
dérobées, elles ne pouvaient plus me porter. Un bourdonnement
assourdissant, et puis le silence. Je me suis effondrée sans force,
impuissante.
J'ai crié : « Menteurs ! Menteurs ! » – sans savoir si les mots sortaient
de ma bouche ou de mon cœur qui se serrait de douleur.
Des larmes brûlantes coulaient sur mes joues. Je voulais seulement
me réveiller de ce cauchemar et retrouver mon oncle vivant.

Puis, un autre jour funeste, je cherchais du réconfort dans un livre
quand mon frère a fait irruption :
« Ils ont bombardé la maison de tata – elle est peut-être morte. »
Il est parti vérifier. Et après des heures qui ont rampé comme une
éternité, il est revenu, portant son enfant :
« Elle est partie. Son mari est dans un état critique – priez pour qu'il
survive, pour que son garçon ne soit pas laissé seul. »

Et oh – comme le cœur brûle avant même la brûlure des torrents de
larmes qui coulent. Je n'étais pas encore guérie de la blessure
gravée au cœur après le martyre de mon héros, et voilà que ma
tante, ma plus chère amie et sœur, s'en est allée elle aussi.
Elle était la personne la plus proche de moi, elle a partagé tous les
détails de ma vie. Nidaa s'en est allée. Mon aimée m'a quittée,
et je resterai seule.
Elle ne veillera plus avec moi. Je ne verrai pas son beau sourire
aujourd'hui, je ne l'entendrai plus dire que je suis l'amour de
son âme.
Nidaa est partie retrouver mon père et mon oncle.

Quelques jours plus tard, alors que nous étions piégés dans sa maison
sous le siège, les téléphones, les messages, et tous les moyens de
communication se sont interrompus.
Coupés du monde, nous n'entendions que le bruit des obus et des
fusillades. Nous ne savions rien de ce qui se passait à l'extérieur.
C'était comme l'attente de la mort.

Quand l'armée s'est retirée et que Dieu nous a permis de vivre et de
continuer à affronter ce qui nous restait de la souffrance et de la
douleur infligées par l'ennemi impitoyable, mon cousin a appelé
ma mère pour lui annoncer que son frère est tombé martyr.

Mon doux oncle, Abou Riyad, tué par un missile traître.

Je n'ai rien ressenti. Rien, un vide.
Tous ceux que j'aime vont-ils me quitter ?

Comme il est facile, avec un simple clic, de tuer, de brûler, de
déchiqueter des innocents.
J'aimais autrefois la technologie et le progrès. Aujourd'hui je les hais –
et je hais ceux qui les ont créés.
Abou Riyad est parti rejoindre ma tante et mon oncle.
Ils sont partis et m'ont laissée ici, seule.

Ils m'ont laissée avec un cœur tremblant, vacillant.

Je suis Dunia. Fille de Gaza la Fière.
Fille d'un peuple plein de dignité, de générosité et d'honneur.
Jamais je n'aurais imaginé être affamée. Jamais je n'aurais imaginé
     mourir de faim. J'étais toujours de ceux qui donnaient.
Maintenant, je me tiens parmi un demi-million d'autres à Gaza-Nord,
     les mains vides et l'estomac creux.
Nous qui avons affronté l'occupant et avons refusé la déportation,
     et l'abandon de nos maisons. Alors il nous a puni en imposant
     l'embargo sur ma ville triste et frêle.
Pas de nourriture, pas d'eau.
Est-ce ainsi qu'ils espèrent nous briser ? Espèrent-ils, en affamant nos
     enfants, en tourmentant nos femmes, en massacrant notre jeunesse
     sous les yeux de leurs mères, que nous abandonnerons notre terre ?

Mais cela ne leur a pas suffi de nous séparer de nos martyrs.
     Ils ont aussi déchiré les vivants.
Comment pourrais-je oublier qu'ils m'ont arrachée à mon frère –
     ma joie, mon rire, mon autre moitié ?
Il était prisonnier du sud, moi du nord, séparés par leurs checkpoints.
Comment oublier ma séparation de la famille de mon grand-père qui
     ont été déplacés de force vers le sud lorsque l'occupation a détruit
     leur maison ?
Maudits soient-ils. Ont-ils oublié que cette terre est la nôtre ?

Quand les bombes vous réveillent à la place de l'alarme

Sara Aaed Abass Alkhaldy

C'était le week-end, un jeudi. Je suis rentrée de l'université et j'ai franchi le seuil de ma maison bien-aimée. J'ai embrassé maman et j'ai continué ma journée comme bon me semblait.

Mon professeur à l'université, qui est aujourd'hui un martyr, nous avait dit qu'il y aurait un court examen le mardi suivant et que nous devions bien réviser. J'ai révisé vendredi, puis j'ai réglé mon réveil pour samedi matin afin de pouvoir continuer ma révision. Mais avant que l'alarme ne me réveille, j'ai été tirée de mon sommeil par le bruit des missiles. Oui, c'était le 7 octobre, notre deuxième Nakba.

Nous avons été chassés de notre maison sans nos biens les plus précieux, sans même assez de vêtements. Je me souviens très bien de ce sentiment. J'aurais voulu pouvoir emporter, dans mon sac d'université avec lequel je m'étais enfuie, toute la maison, avec tous ses recoins et tous ses souvenirs, tristes et joyeux. J'aurais voulu prendre l'odeur de notre maison avec moi en partant. Mais cela ne servait à rien.

Quelques jours plus tard, nous avons appris que notre maison avait été détruite, que tout ce qu'elle contenait avait été réduit en ruines. Je jure que j'ai entendu mon cœur se briser à ce moment précis.

Nous avons été déplacés d'un endroit à l'autre. Nous avons passé l'été sous une tente qui ressemblait plus à un four brûlant. Un endroit que même un animal n'aurait pas pu supporter.

Un autre jour, nous avons fui, sans rien emporter d'autre que nos vies, pour échapper aux balles de l'occupant. Nous avons fini par nous asseoir en plein rue. Je me souviens d'avoir longtemps regardé le ciel. Je pense qu'à ce moment-là j'ai vraiment grandi et compris beaucoup de choses. J'ai compris ce que signifie une maison, ce que signifie être déplacé, ce que signifie dormir dans la rue avec pour seule possession son âme.

Puis nous avons été déplacés à nouveau, et encore, jusqu'à ce moment précis, où nous sommes même privés de nourriture. Il n'y a rien à manger. Nous dormons et nous nous réveillons avec la douleur de la faim, mais nous remercions Dieu d'être encore en vie.

Pourtant, la tragédie continue. Et personne ne sait comment ni quand elle prendra fin.

Le silence des éclats

Hada Mohammed Homaid

Hada était une fille pleine d'ambition et de rêves qui se tenait à l'aube d'un nouveau départ, prête à faire ses premiers pas vers un avenir qu'elle avait soigneusement planifié. Hélas, les vents ne sont pas toujours favorables à la route d'un navire, et Hada s'est retrouvée soudain face aux tempêtes de la vie, face à des cauchemars incessants qui ont brisé son monde bien ordonné.

Il y a exactement 645 jours, elle avait 18 ans, et chaque moment de sa vie était empreint de passion et de vie. Elle vivait avec sa mère, son père et son plus jeune frère au sein d'une grande famille, composée de deux sœurs mariées, de frères, de nièces et de neveux. Ils étaient tous profondément unis par l'amour et des rêves communs.

Après avoir obtenu son diplôme d'études secondaires avec une moyenne remarquable de 99.4, elle a pu choisir les études de littérature anglaise, dont elle avait toujours rêvé. Mais avant même que son parcours ne commence, une guerre destructrice a éclaté.

Dans le chaos, sa famille a été déchirée et forcée au déplacement et à chercher refuge dans le sud de Gaza. Les jours ont passé entre petites joies et grandes et innombrables difficultés.

Elle n'avait aucune nouvelle de son père. Était-il en vie ? Était-il affamé comme tant d'autres ? Après des jours de silence et d'attente insupportable, les négociations ont permis une avancée décisive : un retour à leurs maisons, plus précisément aux décombres de leur maison familiale et de leurs trois appartements. Malgré toute cette destruction, il y avait néanmoins le sentiment de gratitude d'être saufs, la perte des possessions matérielles était insignifiante comparée aux souffrances endurées par d'autres.

Ils sont donc revenus à une nouvelle réalité, accrochés à un fil d'espoir. Ils ont vécu dans une maison louée, essayant de reprendre leur vie, reconnaissants pour les miettes qui leur restaient.

L'espoir renaissait. Peut-être, d'une manière ou d'une autre, la stabilité pourrait-elle revenir. Puis, comme l'histoire se répète tragiquement et inlassablement, le cessez-le-feu a été rompu et avec lui un siège oppressant les a privés de nourriture, de médicaments et des moindres nécessités de la vie.

Ils ont tenu bon jusqu'au jour où le soleil ne s'est pas levé pour Hada et sa famille, le 4 juin 2025. Ce jour-là, la personne qui lui était la plus précieuse a été visée. Son frère aîné - la lumière de son cœur, son guide, le pilier de sa famille - est tombé martyr dans une attaque directe.

Il a laissé derrière lui cinq enfants sans père et deux parents sans leur fils chéri, une épouse sans son compagnon et des frères et sœurs sans leur soutien.

Il s'appelait Al-Hassan, ce qui signifie « le vertueux », un nom qu'il incarnait dans tous les aspects de sa vie : Al-Hassan était de bonne moralité, Al-Hassan avait de bonnes manières, Al-Hassan était d'une bonne compagnie, Al-Hassan était honnête, gentil et courageux. Les mots restent impuissants devant ses qualités.

Depuis sa mort, Hada et sa famille n'ont plus la force de se tenir debout. Pourtant, ils continuent de lutter en préservant l'esprit d'Al-Hassan dans les cinq enfants qu'il a laissés derrière lui.

Ils gardent l'espoir de le revoir en rêve et, et par la grâce de Dieu, d'être réunis avec lui le Jour du Jugement.

La vie sous l'occupation

Alaa Eyad Saleh Khudier

À ce jour, le soleil du lendemain matin ne s'est toujours pas levé.

Je suis étudiante à l'université Al-Azhar de Gaza. Comme beaucoup d'autres étudiants, je suis entrée à l'université pleine d'enthousiasme, portant mon rêve à plein bras, déterminée à le réaliser. Mais à cause de l'occupation israélienne, les détails de nos vies ont été bouleversés, dispersés. Nos rêves ont été mis en suspens, nos salles de cours closes. Et malgré tout, nous n'avons pas baissé les bras, nous ne nous sommes pas rendus.

Nous avons tenu bon. Nous nous sommes adaptés. Nous avons poursuivi nos études en ligne.

J'étais très heureuse quand j'ai commencé à étudier la spécialité que j'avais choisie : la traduction. J'étais convaincue qu'avec beaucoup de travail et de détermination, je pourrais devenir une traductrice distinguée.

Depuis l'école, l'anglais a toujours été ma matière préférée. Pour développer mes compétences, j'ai suivi douze niveaux de la formation du groupe Al-Salam. Cela m'a aidée, mais je savais que ce n'était pas suffisant. J'ai donc choisi l'université Al-Azhar pour transformer ma passion en profession. Je rêvais non seulement de devenir une traductrice remarquée, mais de parler couramment l'anglais.

Chaque matin, je me rendais à l'université avec énergie et enthousiasme.

Jusqu'au matin du samedi 7 octobre. À 6 h 30, alors que les oiseaux commençaient tout juste à chanter, nous avons entendu des roquettes lancées depuis Gaza. Quelques instants plus tard, la guerre a commencé – la guerre d'extermination.

Après cela, plus aucun étudiant n'a pu retourner à l'école ou à l'université. Nous n'avions plus qu'une seule pensée : que s'est-il passé ? Que se passera-t-il ?

L'occupant a commencé à bombarder les maisons, les hôpitaux et les écoles. Des milliers de civils, dont beaucoup d'enfants, ont été tués. Des familles ont été déplacées et sommées de fuir vers ce qu'ils ont appelé des « zones sûres ». Les hôpitaux ont été détruits, les blessés privés de soins. L'occupant s'en est même pris à l'éducation, détruisant les écoles et les universités pour réduire nos esprits et nos voix au silence. Il craint un peuple éduqué, instruit – il craint les personnes comme Wafaa Al-Adini et tant d'autres qui ont osé dire la vérité.

Mais les Palestiniens ne connaissent pas la capitulation.

Malgré les coupures d'électricité, la pénurie de nourriture et d'eau, et une connexion internet défaillante, les étudiants ont continué leurs études en ligne.

C'était douloureux pour moi de ne pas pouvoir étudier sur le campus, de ne pas pouvoir m'asseoir avec mes camarades de classe, poser des questions et échanger face à face. La guerre a dérobé le seul espace où l'apprentissage semblait possible. J'ai dû passer à l'apprentissage en ligne.

Je n'ai pas pu terminer le premier semestre de l'université, car je n'avais pas d'accès internet là où je vivais. Quand il a enfin été rétabli, j'ai reporté ce semestre et je me suis inscrite au deuxième. J'ai étudié dur, assisté à tous les cours en ligne, révisé assidûment et obtenu les meilleures notes. Je me suis inscrite pour un autre semestre et j'ai de nouveau réussi.

Je suis maintenant en deuxième année, deuxième semestre. Et la guerre n'est toujours pas terminée.

Mais je suis toujours là. Nous sommes tous toujours là.

En fin de compte, n'abandonnez jamais votre rêve, quels que soient les obstacles et les difficultés sur votre chemin. Accrochez-vous à ce rêve, et vous y arriverez.

J'espère que cette guerre prendra fin très prochainement et que nous reconstruirons Gaza. Et j'espère que nous retournerons en classe, non pas derrière des écrans, mais côte à côte, à apprendre, à grandir et à façonner l'avenir pour lequel nous nous sommes battus.

Notre deuxième déplacement – dans la région de Sabra

Nour Mohammed Abusultan

Lors de notre deuxième déplacement dans la région de Sabra, après un mois passé dans la maison de ma tante où nous avions trouvé refuge, le bruit quotidien des bombardements était devenu presque routinier. Nous pensions nous y être habitués, jusqu'à ce que les nuits deviennent plus lourdes et les bombardements plus violents.
Chaque soir, exactement à l'appel de la prière de l'Isha, alors que la voix de l'imam s'élevait proclamant « Allahu Akbar », retentissaient le vrombissement des ceintures de feu, les bombardements et les frappes.

Je me souviens d'un matin où nous avons reçu un appel provenant d'un numéro privé, l' « Armée de Défense d'Israël » qui nous ordonnait de quitter notre immeuble. Plus de cent personnes y vivaient. Les gens ont discuté, mais ils n'avaient nulle part où aller. Il n'y avait plus d'endroit sûr.

La journée s'est écoulée jusqu'à l'heure de la prière de l'Isha. Au cours de la deuxième rak'ah, alors que l'imam disait « *Sami' Allahu liman hamidah* », exactement à cet instant, la maison s'est embrasée. Les flammes ont envahi l'immeuble voisin, l'immeuble a tremblé, les vitres ont volé en éclats, des cris et des pleurs d'enfants ont résonné.

Nous avons tout de même continué notre prière, chacun attendant le moment du soujoud, la prosternation pour implorer Dieu. Mes lèvres ont murmuré automatiquement : « *Hasbunallahu wa ni'mal wakeel*, nous nous remettons à Allah, notre seul secours ... Ô Allah, les cœurs ont atteints les gorges ! »

Ensuite, nous nous sommes rassemblés comme d'habitude autour de la radio : « Des nouvelles ? Donnez-nous de bonnes nouvelles ! » Dans l'espoir d'entendre la fin de la guerre lors des négociations en cours. Le ciel au-dessus de Lod brillait faiblement. Nous avons attendu que des bombes éclairantes illuminent la nuit pour discuter.

Chacun a donné son analyse. Nous sommes restés dans l'état jusqu'à ce que le sommeil nous gagne.

2 h 30 après minuit

Des bombardements incessants. Nous nous sommes blottis les uns contre les autres. Les mères serraient leurs enfants.

Nos langues ont répété sans cesse la shahada : « *Je témoigne qu'il n'y a pas d'autre dieu qu'Allah et que Mohammed est son messager.* »

Nous avons essayé de dormir, mais les bombardements n'ont fait que s'intensifier. Balles, artillerie, drones, fusées éclairantes, bombes à gaz. L'appel à la prière du Fajr a retenti.

Nous nous sommes précipités pour prier.

« Si nous sommes destinés à mourir, que ce soit en priant », a dit quelqu'un. « Je préfère mourir en priant », a dit un autre.

« Maudissez-les pendant que vous priez. »

Nous avons lu les supplications du matin. Je ne sais pas comment je me suis endormie, mais ce n'était que pour une petite heure.

La situation s'empirait. Puis vint l'ordre :

« Les filles, descendez – tout le monde, allez-y ! »

Chacun a cherché sa mère, ses frères et sœurs, son père.

Les femmes se sont rassemblées dans un appartement, les hommes dans un autre, de l'autre côté de la rue.

8 h du matin

Dans la rue entre notre immeuble et celui d'en face, l'armée occupante a jeté du ciel des milliers de tracts :

« Évacuez vers le sud. Ceci est votre dernier avertissement. »

Chacun de nous a commencé à réunir ses documents les plus importants, des vêtements de rechange, jetant tout ce qu'il pouvait prendre dans un sac à dos. Certains voulaient fuir. D'autres insistaient pour rester.

En larmes, je suis allée faire mes ablutions et prier une istikhara, pour demander à Dieu de m'aider à prendre la décision.

Au moment où je terminais, un missile a frappé le toit.

Cela m'a semblé être un signe de Dieu : il était temps de partir.

« Ô Allah, nous plaçons notre confiance en Toi. Choisis pour nous, pas contre nous. »

Nous nous sommes rassemblés à l'entrée du bâtiment, plus d'une centaine d'entre nous.

Nous avons levé des drapeaux blancs. Les larmes aux yeux, répétant la *shahada*, la profession de foi, nous attendions le moment de départ.

Puis la nouvelle est tombée : ceux qui avaient tenté de s'échapper du bâtiment voisin avaient été touchés par un obus de char – certains étaient blessés.

La panique a frappé. Nos cœurs battaient comme des tambours de guerre, nous savions plus quoi faire.

Si nous restions, la maison s'effondrerait. Si nous partions, nous risquions d'être bombardés dans la rue.

Les hommes sont arrivés :

« Ayez confiance en Dieu. Marchez en file indienne. Tenez les drapeaux blancs. Suivez Ahmad. » Chacun de nous a attaché un sac sur son dos, a levé un drapeau dans une main et levé l'index de l'autre main.

« Je témoigne qu'il n'y a pas d'autre dieu qu'Allah et que Mohammed est son messager. »

J'ai essayé de retenir mes larmes, de garder ma force et d'assurer
mes pas. Je ne sais pas comment j'ai marché, mais j'ai marché et
marché.

J'ai cherché des yeux mon père, ma mère et mes sœurs dans la foule,
c'est là que j'ai vu mon père portant ma petite sœur sur ses épaules.
Je l'ai entendu répéter la *shahada*. Il avait l'air perdu. Mon père,
qui avait toujours été ma force, ne savait plus où aller, ni quoi faire.
Je n'ai plus pu retenir mes larmes.

Nous avons marché jusqu'au rond-point d'Asqoula.

Là, la foule s'est dispersée.

Les nouvelles ont été interrompues.

Nous étions désormais confrontés à un choix : partir vers le sud ou
trouver refuge chez des proches dans le quartier de Zeitoun.

Rula, une femme résiliente, Réflexion depuis Gaza

Rula Ibrahim Abu ElKhair

Je m'appelle Rula Ibrahim Abu ElKhair, j'ai 20 ans, je suis étudiante en deuxième année de médecine et je vis dans la ville de Gaza.

Ceci n'est pas seulement mon histoire, c'est mon âme qui s'exprime à travers les décombres, à travers la peur et la volonté inébranlable d'aller de l'avant. Lorsque la guerre a éclaté, je venais tout juste de commencer à vivre mon rêve. J'étais entrée à la faculté de médecine de l'université Al Azhar, l'une des meilleures universités de Gaza, après des années de travail acharné et passionné. Mais je n'ai suivi qu'une semaine de cours avant que tout ne s'écroule. Une nuit, de violents bombardements ont secoué notre quartier et nous avons reçu l'ordre d'évacuer. J'étais sous le choc, j'ai ressenti une terreur que je n'ai jamais connue. Nous avons fui vers Khan Younis, emportant seulement ce que nous avons pu d'essentiel. Je n'ai même pas pris le collier en or que mes parents m'avaient offert il y a dix ans et qui compte beaucoup pour moi. Après cette nuit tragique, la peur m'a envahie, j'ai juste pris quelques vêtements et mon iPad.

Ce fut le début de cinq déplacements, chacun plus difficile que le précédent. De Gaza à Khan Younis, puis à Rafah, et de nouveau à

Gaza. J'ai essayé de me rendre en Égypte pour poursuivre mes études à l'université du Caire, mais l'armée israélienne a attaqué Rafah et fermé le passage frontalier. Le rêve s'est brisé.

J'ai perdu toute une année universitaire. Mais je n'ai pas perdu espoir…

Lorsque mon université a décidé de reprendre les cours en ligne, l'idée m'a parue folle tant la guerre faisait encore rage, mais ma mère m'a encouragée à poursuivre mes études et à m'accrocher à mon rêve malgré la situation. A ce moment-là j'ai pris une décision, et quoi qu'il arrive, je me souviendrai toujours de cette citation :

Quand tu sens que le saut est terrifiant, c'est exactement le moment où il faut sauter, sinon tu resteras au même endroit toute ta vie.

Même dans des endroits sans électricité, sans eau et sans connexion internet stable, une carte eSIM sur mon téléphone me permettait de me connecter. Je montais sur les toits des immeubles sous le bourdonnement des drones pour télécharger les cours. J'ai passé mes examens dans de petits cafés au bord de la mer. J'avais faim, j'avais peur, j'étais en deuil mais j'ai étudié.

J'ai décidé de vivre comme une survivante, pas comme une victime.

Ceci n'est pas une réflexion sur la seule survie, mais aussi sur la détermination et la persévérance, une réflexion sur la lutte entre le désespoir et la détermination. J'ai perdu des amis, des collègues médecins, et tout sentiment de normalité. J'ai vu certains des meilleurs médecins de Gaza mourir alors qu'ils sauvaient des vies. Mais cela m'a donné encore plus de raisons de continuer.

Je veux faire partie de la reconstruction du secteur médical à Gaza. Je veux servir mon peuple, non seulement en tant que médecin, mais aussi en tant qu'être humain source de guérison. Je suis convaincue que la médecine n'est pas seulement un traitement des maladies. Il s'agit d'une mission et d'un message d'humanité, en particulier dans des endroits comme Gaza, où la guerre ne s'arrête jamais, tout comme nous.

Je veux que le monde sache que nous ne sommes pas seulement des gros titres aux journaux télévisés. Nous sommes des cœurs, des rêves et des avenirs. Je veux être une héroïne, d'abord pour moi-même, puis pour ma famille et pour tous les patients que j'aiderais un jour.

La détermination n'est pas juste un mot qui se dit. C'est se réveiller pour étudier malgré les drones au-dessus de ta tête. C'est poursuivre ton rêver alors que tout s'écroule autour de toi. Et peut-être, juste peut-être, que c'est ce qui nous rend invincibles.

Je m'appelle Rula la résiliente...

Je suis convaincue que la vie ne consiste pas à attendre que la tempête passe... mais à danser sous la pluie. Quelles que soient les circonstances, continuer est une décision.

L'espoir sous les décombres

Alaa Maher Al.Zebda

Nous avons tout perdu, en un instant.

Un instant, nous entrions à la faculté de médecine les yeux brillants de rêves, et l'instant d'après, nous sombrions dans un marécage sombre, sans aucune lumière en vue.
Mais au milieu de cette obscurité, une faible lueur est apparue : le scintillement de l'espoir en nous.
Nous vivons les pires moments que l'on puisse endurer, des moments que nous ne souhaiterions à personne.

Pouvez-vous imaginer passer des années à construire votre avenir, puis à travailler sans relâche afin d'atteindre vos objectifs et rendre votre famille fière, pour vous retrouver de nouveau au point de départ, sans rien.
Tout ce que vous aviez construit a été détruit.

Tous ceux qui vous soutenaient ont disparu. Votre maison est détruite, et vous vous retrouvez à errer dans les rues.
Vos amis ont été tués, et vous vous retrouvez sans compagnon. Votre animal de compagnie est enseveli sous les décombres et vous vous retrouvez seul.
Votre université est en ruines.
Votre blouse blanche et votre rêve de médecine ont brûlé sous vos yeux.

Vous avez perdu tout ce qui avait de la valeur pour vous, matérielle et émotionnelle, et vous vous êtes retrouvé impuissant, à vous demander : « *Et maintenant ?* »

Et pourtant... malgré tout ce que vous avez enduré, vous restez convaincu que vous êtes toujours fort. Que cela aussi passera.

Qu'avec votre seule volonté, vous pouvez encore façonner votre propre miracle.

Nous en avons fait le serment : tout comme nous avons surmonté tous les obstacles pour devenir médecins, nous sèmerons l'espoir chez tous les patients, d'une nouvelle vie sans souffrances.

Nous voyons la mort devant nous à chaque instant.

Nous dormons le ventre vide, sous le froid glacial ou la chaleur torride.

Nous n'avons pas de médicaments pour nous soigner lorsque nous tombons malades, et nous sommes attaqués de toutes parts.

Pourtant, nous sommes convaincus que notre volonté vaincra. Alors nous donnons libre cours à la passion qui nous anime.

Et des cendres de nos rêves brisés émerge une lumière intense pour dessiner un nouvel avenir en noir et blanc.

Imaginez repartir de zéro, après avoir été si près du but.

Il m'arrive de m'étonner de notre force. Comment avons-nous pu nous relever et continuer dans un endroit où chaque pas en avant vous fait reculer de dix ?

Nos choix sont peu nombreux, et tous amers.

Mais même les choix les plus difficiles valent mieux que de rester immobile, impuissant et vaincu. Avec la seule foi en nous-mêmes, nous avons créé de nouveaux objectifs et de nouveaux rêves. Nous avons tracé de nouvelles voies que nous sommes maintenant en train d'emprunter.

Nous avons poursuivi nos études, même en dehors des murs de l'université.

Nous essayons de nous adapter à la vie sous la tente, même en l'absence du strict nécessaire. Nous avons enduré tous les déplacements forcés, tous les exils de notre terre.

Nous avons oublié ce que signifie la stabilité, mais nous sommes convaincus que les jours difficiles prendront fin et que nous redessinerons nos vies avec des crayons de couleur.

Nous essayons de nous endormir après des journées épuisantes,
fermant les yeux au son des explosions, avec la peur de nous
réveiller sur une horreur.
Nous scrutons les visages les uns des autres, de peur de les oublier
au cas où nous serions séparés pour toujours.

Nous savons que si la mort vient, nous ne lui échapperons pas.
Mais nous sommes déterminés à aller de l'avant dans la vie et
à continuer.

Cela peut vous sembler futile et insignifiant, mais imaginez que
vous vous réveillez avec une journée de travail ou de cours devant
vous, alors que vous êtes incapable de commencer la journée
sans prendre un café.
Même cela nous a été retiré.
Nous étudions et travaillons le ventre vide, sous le rugissement des
avions, les explosions et les cris des enfants blessés.
Nous parcourons de longues distances pour trouver un signal internet
afin de pouvoir étudier en ligne.

C'est certainement Dieu qui nous donne la force de supporter tout cela.
Sans Lui, nous aurions perdu espoir depuis longtemps.

Cela nous arrive de traverser des moments de stress et d'abattement,
mais nous nous relevons vite.
Car si nous ne le faisons pas, cela nous consumera.

Dans cette vie, la survie appartient aux plus forts –à celui qui est
convaincu que cela aussi changera.

Tout comme nous vivons ces jours douloureux, un temps viendra où
nous vivrons des jours paisibles et beaux.
Des jours où nous reconstruirons nos vies...

Et même si cela ne se réalise pas dans ce monde, ce sera au paradis, qui
vaut plus qu'un million de mondes éphémères.

Le 7 octobre

Shahd Mahmoud Almadhoun

Comme toujours depuis mon tout premier jour à l'université – en
    tant qu'étudiante de première année en ingénierie à l'Université
    Islamique – je me préparais tôt pour arriver sur le campus avant le
    début des cours, afin de pouvoir prendre mon petit-déjeuner avec
    ma cousine Basmala à notre endroit habituel.

Ma mère réveillait mes frères et sœurs pour qu'ils ne ratent pas la
    voiture qui les emmenait à l'école. C'était une matinée ordinaire,
    parfaitement routinière, jusqu'à ce que tout s'arrête.

Un bruit a secoué chaque recoin de notre ville.
Au début, avec l'approche de l'hiver, nous n'avions pas su si c'était
    le tonnerre... ou quelque chose d'autre que nos ennemis redoutaient
    d'entendre.
Le bruit s'est amplifié et a duré près d'une demi-heure, puis nous avons
    compris que c'était la résistance qui lançait des roquettes.

Ce matin-là, ma cousine Amal m'avait envoyé un message.
    La veille, nous avions prévu d'aller ensemble à l'université.
« Shahd, ton cours commence à 8h, n'est-ce pas ?
    Mais partons tôt, vers 7h15 ? »
Je lui ai répondu en plaisantant : « On dirait qu'on ne va nulle part. »
Je ne savais pas encore... que ce serait mon dernier jour à l'université
    jusqu'à une date inconnue.

Aujourd'hui, cela fait cent treize jours depuis le 7 octobre.
Nous attendons pour la seconde fois l'annonce d'une « trêve
    humanitaire », qui peut être rompue avant même d'avoir commencé.
C'est le cent treizième jour d'une guerre que nous savions inévitable
    après les avoir vraiment secoués, piqués au vif. Le cent treizième
    jour d'une guerre où nous sommes confrontés à la destruction, au
    génocide, à la brutalité, à l'arrogance. Nos corps sont épuisés, nos
    visages creusés, nos esprits assombris.

Mais une chose est restée inébranlable.

Notre amour pour cette terre est resté intact, notre soutien à la
    résistance indéfectible. Nous sommes encore plus enracinés,
    encore plus amoureux de notre Gaza, notre Gaza dont nous
    ne pouvons supporter d'être séparés, notre Gaza que ne nous

pouvons supporter de voir aujourd'hui meurtrie et ruinée,
comme si le temps l'avait ramenée cinquante ans en arrière.

Cette guerre ne ressemble à aucune autre.
Elle fait rage depuis plus de trois mois.
Je n'aurais jamais imaginé qu'elle durerait aussi longtemps,
ni que nous tiendrions aussi longtemps.
Que Dieu nous vienne en aide.

Je ne sais même pas combien de jours se sont écoulés depuis le début
du génocide.
Je sais seulement que cela fait plus d'un an. J'ai arrêté de compter.

Pire que ça, j'ai arrêté d'être moi-même. Je ne me suis pas adaptée.
Mais j'essaie de faire de mon mieux pour devenir la personne que
je rêvais d'être autrefois.

Il y a encore une lueur d'espoir qui étreint mon âme. Elle me dit que je
redeviendrai moi-même, fière de ce que je serais devenue.
Je ne sais pas quand... Mais je reviendrai. Sans aucun doute.

Dans l'abîme : comment la guerre a détruit notre humanité

Saad Aldin Ahmed Muhanna

Le jour où une vieille femme a donné un coup de pied à une bouteille
d'eau vide et a insulté un enfant qui essayait de la dépasser dans la
file d'attente, j'ai compris que nous avions touché le fond.

Nous ne sommes plus ceux que nous étions. Pas moi.
Ni plus personne. Ni plus rien.

Depuis le début de la guerre, et à chaque vague de déplacements,
nous avons été déracinés d'un endroit et jetés dans un autre :
un jour dans une école, le lendemain dans une mosquée, puis dans
une tente en lambeaux à peine assez grande pour abriter le fantôme
d'un être humain.

Et avec le temps, tous les espaces sont devenus trop étroits, il n'y avait
plus la place de respirer nulle part. Les gens s'entassaient, non pas
comme s'entasseraient des corps, mais de la même manière que

s'entasseraient différentes classes sociales de différentes moralités, dans un pot étroit sans couvercle.

Elles se sont confondues, ont fondu. Elles se sont évaporées.

Et de là est née une nouvelle classe... sans nom, mais plus basse que toutes celles qui l'avaient précédée.

Il fut un temps où les gens disaient : « Il est respectable »,
« C'est un intellectuel »,
« Elle vient de telle famille ».

Tout cela a volé en éclats à la première bouteille d'eau jetée depuis un camion et sur laquelle la foule se jette comme une meute de loups affamés.

Ici, vous ne pouvez pas être décent. Si vous attendez votre tour, vous le perdez.

Si vous respectez les autres, vous vous faites voler.

Si vous tentez de rester « un être humain poli et décent », vous vous faites piétiner.

Avec le temps, j'ai appris à crier. À bousculer.

À crier avec un langage qui ne me ressemble pas, et d'une voix que je ne reconnais pas. Je suis devenu un des leurs.

Ou peut-être l'ai-je toujours été, seulement je vivais dans des conditions qui me permettaient de prétendre à la raison.

Nous ne nous battons pas seulement pour survivre.

Nous nous battons pour ne pas nous perdre complètement en essayant de survivre.

Chaque soir, je retourne au coin de ma tente. Je regarde les visages autour de moi.

Puis je tends ma main vers mon cœur pour m'assurer...

Y a-t-il encore quelque chose de vivant en moi ?

Parfois, je le trouve.

Parfois, je ne trouve rien.

Et je me demande :
Cette guerre prendra-t-elle fin un jour ?

Et si elle se termine, est-ce que je me souviendrai comment redevenir humain ? Ou est-ce que je vais porter cette sauvagerie en moi... pour toujours ?

Des cris qui résonnent

Farah Talal Mohammed Abomutayer

Les cris résonnaient – les cris d'un homme blessé qui hurlait dans l'une des salles d'opération. Des salles où se pratiquaient des amputations pendant lesquelles la personne perdait, avec le membre amputé, tous ses espoirs et son enthousiasme pour la vie.

Ici, les opérations se pratiquent sans anesthésie, par terre, au milieu du chaos de la foule des déplacés, des blessés et des martyrs.

Les cris sortaient du fin fond d'Osama qui avait déjà perdu un membre lors d'une précédente attaque. Dans l'opération complexe et difficile en cours, les médecins tentaient de retirer des éclats d'obus qui lui avaient déchiré l'estomac, endommageant des organes vitaux. Les médecins opérèrent pendant six longues heures, avec des instruments rudimentaires, sans anesthésie ni stérilisation ni antalgiques, qui ne se trouvent nulle part depuis le blocus.

Et pourtant malgré toutes ces difficultés et le chaos qui régnait, miraculeusement, l'opération avait réussi.

Osama raconta plus tard comment il avait été blessé, en commençant par l'attaque de l'armée d'occupation sur un groupe de civils désarmés dont il faisait partie. Cela s'était passé dans le camp de Jabalia.

Un drone lança un missile sur eux avant de s'éloigner pour cibler plus loin un autre groupe, causant un autre massacre et de nombreuses victimes, entre blessés et martyrs.

Ces civils ne constituaient aucune menace, ni pour l'armée occupante ni même pour des chats. Des innocents pacifiques qui discutaient de choses ordinaires, et qui prenaient des nouvelles les uns des autres.

Mais apparemment, cette paix qui émanait d'eux dut provoquer une colère si forte chez quelqu'un, qu'il décida de les réduire en lambeaux. Les survivants de ce massacre souffriraient la vie durant de la perte : la perte d'un membre, la perte d'un ami ou d'un proche.

Osama était parmi les survivants.

Une ambulance dut se frayer un chemin à travers les décombres et les obstacles pour atteindre les blessés.

Les blessés furent transportés dans un hôpital dénué de tout moyen de soins. La route du retour était difficile, jonchée de pierres, de débris, de ruines de maisons et de dangers. Car l'armée de l'occupant ne fait aucune distinction entre le civil et le combattant, ni entre celui qui est en bonne santé et le blessé, ni même entre celui qui est vivant et celui qui est mort, ni entre les organisation locales et internationales, humanitaires ou médicales.

Les secouristes prièrent Dieu, tout le long du trajet, le suppliant de les laisser arriver à l'hôpital sains et saufs avant qu'ils ne soient la cible du prochain missile.

Osama avait déjà perdu sa mère en novembre puis sa sœur et sa femme en décembre.

Et aujourd'hui, en janvier, il survivait à une nouvelle attaque.

Il avait tout vu : la peur, la destruction, la perte, le froid et la faim dans les yeux de ses petits frères et sœurs.

À sa sortie de l'hôpital, Osama retourna dans son quartier à la recherche de ses amis pour prendre de leurs nouvelles.

Il se rendit au cimetière – après avoir appris que quatre d'entre eux avaient été tués. Ils étaient partis après avoir vu le pire de ce monde : le racisme, les mensonges, l'hypocrisie… un monde où les enfants de Gaza sont condamnés à mourir – de faim, de froid, de soif – et sont exécutés au vu du monde entier, tandis que les enfants en Europe profitent du calme et de la paix, de la chaleur et de la sécurité, de la nourriture et de boissons abondantes.

Alors qu'il commençait à réciter Al-Fatiha sur leurs âmes, les souvenirs tombèrent comme de la pluie, les souvenirs de ceux qui avaient passé leurs vies à ses côtés : il avait ri et pleuré avec eux, il avait partagé leurs joies et leurs deuils.

Au même moment, le rugissement détestable des avions s'intensifia au-dessus de sa tête. Ils s'élevaient, annonçant l'approche d'un prochain massacre.

Et effectivement, le massacre eut lieu quelques instants plus tard – plusieurs massacres simultanés. Les avions maudits tirèrent des ceintures de feu qui encerclèrent la zone et laissèrent derrière elles un nombre incalculable de blessés et de martyrs.

Cette fois, Osama se trouvait parmi eux. Il rejoignit ses amis et ses proches au paradis...

Il rejoignit son âme sœur et la compagne de sa vie, qu'il avait tant aimée et dont la vue le rendait heureux, celle qu'il avait tellement pleurée. La séparation n'avait duré qu'un mois avant qu'ils ne soient de nouveau réunis dans un meilleur endroit, dans l'éternel paradis. Ce paradis où règne le calme et la sécurité - loin de l'odeur du sang et de la destruction, loin du bourdonnement des explosions qui ne quittaient plus ses oreilles.

Il mourut le sourire aux lèvres.

Il avait enfin obtenu ce qu'il avait toujours désiré : les retrouvailles. La sécurité. La paix.

Ce que ce monde lui avait refusé.

Gaza est en train de mourir... Un témoignage du cœur de l'effondrement du système de santé

Mohaned Jehad Youssef Alnajjar

Au cœur de Gaza, où j'ai travaillé comme bénévole dans le secteur de la santé, j'ai été témoin d'un effondrement sans précédent du système médical sous le poids des attaques incessantes d'Israël depuis octobre 2023.

Le nord et le sud privés de services médicaux
Dans le nord, des hôpitaux tels que l'hôpital indonésien, Kamal Adwan et Al-Awda sont hors de service depuis que l'armée israélienne a déclaré qu'il s'agissait de zones de combat dangereuses. À Rafah, à la suite de destructions massives, les équipes médicales ont complètement cessé leur travail. En conséquence, le nord de Gaza et Rafah se sont retrouvés sans aucun service médical opérationnel.

Les hôpitaux pris pour cible
À Gaza, le complexe médical Al-Shifa, cœur battant du système de santé, a été bombardé et complètement détruit, entraînant la mort de plusieurs membres du personnel médical et des patients. Ceux qui

ne sont pas morts ont été arrêtés, notamment le Dr Adnan Al-Bursh, qui a succombé pendant sa détention par les Israéliens. L'hôpital baptiste (Al-Ma'madani) a été partiellement détruit et est aujourd'hui sur le point de fermer.

La situation à Khan Younis

À Khan Younis, l'hôpital européen a fermé à la suite de l'opération terrestre israélienne. Seul l'hôpital les Martyrs d'Al-Aqsa reste opérationnel dans le sud, ce qui exerce une pression énorme sur les équipes et les installations médicales déjà surchargées.

Une grave pénurie de ressources

Après que le ministère de la santé a annoncé la réouverture d'une aile endommagée de l'hôpital Al-Shifa, je me suis porté volontaire pour aider. J'ai pu constater la pénurie critique de médecins et d'infirmiers, dont beaucoup ont été pris pour cible et tués. Le nombre de salles d'opération est limité, les ressources médicales rares, et si elles sont disponibles, elles sont souvent non stériles, ce qui augmente le risque d'infection à chaque intervention.

Blessures graves et complexes

Les blessures que nous avons reçues étaient complexes et difficiles, causées par l'utilisation dans les obus de composants inflammables : brûlures profondes et défigurations qui nécessitent des soins intensifs et spécialisés, impossibles à prodiguer dans les conditions actuelles de pénurie.

Un appel à mettre fin à la guerre

La situation actuelle est insupportable. Le système de santé est en train de s'effondrer. Les équipes médicales travaillent dans des conditions extrêmes et les patients souffrent du manque de soins. Il est temps de mettre fin à cette guerre.

Nous avons besoin d'un accès urgent à l'aide humanitaire et médicale pour sauver les vies que nous pouvons encore sauver.

Je ne suis qu'un bénévole dans les hôpitaux de Gaza, je ne suis pas encore médecin, mais je vois l'ampleur du désastre de mes propres yeux. Le secteur de la santé est en ruines. Les hôpitaux sont détruits. Le personnel est épuisé. Les ressources sont presque épuisées.

Les blessés sont nombreux. La douleur est insupportable. Il ne s'agit pas seulement d'une crise sanitaire, c'est l'effondrement de l'humanité elle-même.

Nous sommes revenus d'entre les morts

Mohaned Jehad Youssef Alnajjar

Le matin du 23 décembre n'était pas un matin ordinaire.

Les machines de guerre des forces israéliennes ont rampé sur notre petit village, accompagnées de l'odeur de la mort et de la poudre, sous un barrage de tirs comme nous n'en avions jamais vu auparavant.

Le rugissement des avions était incessant. Les balles sifflaient dans le ciel.

Les bâtiments s'effondraient comme des feuilles mortes.

Les cris des enfants se mêlaient aux prières des mères, et l'inquiétude se lisait sur les visages qui n'avaient connu que la misère.

Au milieu de tout cela, nous étions là à tenter de survivre, non seulement en fuyant avec nos jambes, mais aussi avec nos prières, et en nous agrippant désespérément à la vie.

Nous avons été déplacés.

Nous avons tout laissé derrière nous : notre maison, nos souvenirs, les photos accrochées aux murs, et même les jouets des enfants.

Nous avons survécu par miracle, comme si Dieu nous avait arrachés des griffes de la mort au dernier moment.

Depuis ce jour, la nuit est devenue terrifiante.

Impossible de dormir vraiment, nous attendons seulement la prochaine explosion. Nous mesurons notre sécurité au bruit des avions.

Quand ils sont partis, nous respirons– brièvement.

Quand ils reviennent, nous tirons les couvertures sur nos têtes et nous nous préparons à ce qui va suivre.

Et pourtant, nous continuons à écrire.

Nous écrivons pour dire que nous étions là.

Que nous avons résisté à la mort non seulement par les armes, mais aussi par le récit, par notre résilience et notre détermination à vivre.

Tout a brûlé… sauf ma détermination

Wissam Yousef

Je m'appelle Wissam Yousef. Je suis née et j'ai grandi à Rafah, dans la bande de Gaza, au sein d'une famille modeste de neuf personnes. Petite, j'étais excellente à l'école, j'obtenais les meilleures notes et je participais à de nombreuses activités. Pendant mes études secondaires, je m'étais rendue à Dubaï pour représenter les enfants de Gaza lors d'une conférence.

J'ai étudié le génie civil à l'Université Islamique. Au cours de ma dernière année, je me suis mariée et j'ai déménagé en Égypte, dans l'espoir de revenir terminer mes études. Mais après la révolution, la situation politique a rendu les déplacements vers et depuis Gaza pratiquement impossibles. Pendant des années, je n'ai pas pu voir ma famille. Lorsque j'ai enfin eu la possibilité de la voir, l'obstacle était financier. Je n'avais pas les moyens de payer le voyage ni les frais de scolarité à l'université, alors je n'y suis pas retournée.

Puis un autre coup dur est survenu : mon mari a perdu son statut de résident légal en Égypte. Sans permis de séjour, nous ne pouvions pas inscrire nos enfants à l'école.

Nous avons dû abandonner notre maison, le poste de travail de mon mari et nos rêves en Égypte pour retourner à Gaza. C'était mon premier déplacement en 2022, avant la guerre. Nous sommes revenus sans emplois, sans aucun revenu, sans maison ni meubles.

Nous avons habité, mon mari, mes enfants et moi-même, avec ma famille jusqu'à ce que mon mari, architecte, trouve du travail. Peu à peu, la vie a commencé à reprendre son cours. Mon mari travaillait, les enfants sont retournés à l'école. Nous avons construit une petite chambre et une salle de bain au-dessus de l'appartement de mes parents. J'étais satisfaite de cette vie simple, mais sûre. J'avais décidé de ne plus quitter mon pays.

Mais le 7 octobre, la vie a changé et a basculé complètement. Gaza n'était plus un endroit sûr. Mon mari a perdu son emploi et nous n'avions plus aucune source de revenus.

Nos enfants ont dû quitter l'école.

Puis nous avons été contraints de quitter la maison de mes parents à Rafah, sous les tirs et dans la peur, vers l'inconnu. Nous avons de nouveau tout abandonné dans notre maison, nous sommes partis sans vêtements, sans nourriture, sans produits de première nécessité. C'était notre deuxième déplacement.

Nous nous sommes réfugiés, avec mes parents, mon frère et sa famille, dans la petite maison d'un parent à Khan Younis. Nous n'avions rien. J'étais enceinte de ma quatrième fille. Pas de soins médicaux, pas de nourriture, pas de vitamines prénatales. J'étais terrifiée à l'idée d'accoucher pendant la guerre, à cause du manque de soins et de traitements, d'autant plus que je devais accoucher par césarienne.

Ma fille est née le 26 juillet 2024, un jour de bombardements intenses sur l'est de Khan Younis. L'hôpital était submergé de blessés.

Il n'y avait aucun antalgique disponible après l'opération.

J'ai beaucoup souffert de cette opération difficile en raison d'adhérences internes sans obtenir aucun analgésique. Je me tordais et criais de douleur. J'étais incapable d'allaiter ma petite fille. Elle ne pesait que 2,5 kg et avait besoin de soins néonatals en raison d'une jaunisse.

Mais nous avons quand même été obligées de quitter l'hôpital le lendemain : ils avaient besoin du lit à cause du nombre important de blessés et de l'état d'urgence dans lequel se trouvait l'hôpital.

Nous sommes sorties sans soins ma fille et moi, et nous sommes retournés chez mes proches. Sans moyen de transport. Sans lit. Sans nourriture pour m'aider à récupérer ou à produire du lait pour nourrir mon bébé.

Voilà à quoi ressemble la guerre pour les femmes enceintes et allaitantes.

Deux semaines plus tard, nous avons été réveillés par des explosions qui détruisaient au hasard les bâtiments voisins. Tout le monde criait et fuyait de nouveau sous les bombardements et les tirs. Sans réfléchir ni nous préparer, nous avons fui pour nous séparer et nous partager entre les proches. C'était notre troisième déplacement.

Imaginez : moi, mon mari et nos quatre enfants, dont l'un n'avait que deux semaines et les autres étaient atteints de la varicelle. Nous n'avions rien, pas même de moyen de transport pour aller où que ce soit.

Nous avons marché et marché jusqu'à ce que nous trouvions une charrette tirée par un âne qui nous a emmenés à Al-Mawasi, où ma tante nous a donné une tente à côté de la sienne.

Savez-vous ce que c'est que de vivre sous une tente pendant l'été à Gaza ?

Une chaleur extrême. Une eau limitée. Des déplacés qui s'entassent. Des ordures qui débordent.

Des égouts à ciel ouvert. Des insectes. Des rongeurs. Des chiens errants qui tentent d'entrer dans la tente la nuit.

Du bruit. Du chaos. Des drones qui vrombissent au-dessus de nos têtes. Des maladies contagieuses. Un chaos bruyant. Des bombardements et des tentes qui brûlent. De petits drones qui émettent des sons qui terrifient les adultes avant les enfants.

Le pire de ce que vous pouvez vivre.

Mon bébé a eu un mois et a été diagnostiqué d'une méningite, une maladie qui s'est propagée pendant la guerre en raison de la malnutrition et d'une faible immunité.

J'ai été retenue à l'hôpital avec elle pendant dix jours, loin de mon mari et de mes enfants.

La salle de quarantaine était bondée. J'ai dormi par terre avec elle.

Pas de lit, pas de repos. Pendant ce temps, mes autres enfants souffraient seuls dehors.

Finalement, je suis sortie de l'hôpital avec ma fille pour être, de nouveau, forcée au déplacement. La région n'était plus sûre. C'est ainsi que nous avons connu notre quatrième déplacement.

Cette fois-ci vers une école transformée en refuge, l'école Qandila, près de l'hôpital Nasser.

Elle avait été bombardée et incendiée, et tenait à peine debout.

Pour trouver une place à l'intérieur, il fallait se frayer un chemin à travers la foule. Nous avons trouvé un un espace de 20 mètres carrés pour vivre, cuisiner, nous laver. Nous y faisions tout et y passions toutes nos journées.

La vie dans cet abri ne ressemblait en rien à la vie d'un être humain.

Et ne m'interrogez pas sur l'état de l'école.

Il n'y avait ni propreté, ni paix, ni sécurité. Les gens n'étaient séparés que par de minces draps ou des couvertures.

A cause des produits chimiques laissés par les incendies et les bombes, de l'accumulation des ordures, des eaux usées, et du manque d'eau, des insectes et des lézards étranges se sont répandus, et des maladies cutanées et respiratoires se sont propagées.

Et par-dessus tout cela, nous n'avons pas été épargnés par les bombardements et la mort. J'ai perdu plus de vingt membres de ma famille.

Toutes nos maisons ont été détruites – la mienne, celles de mes sœurs, celles de mes oncles, celles de mes tantes – jusqu'à la dernière.

Nous vivons tous dans des tentes désormais. Personne n'a de maison où retourner, pas même lorsque la guerre prendra fin.

Il y a un autre drame maintenant : l'école elle-même se trouve désormais dans une zone d'évacuation et il faut partir.

La plupart des gens sont déjà partis, il ne reste plus que ceux qui on perdu espoir dans la vie et attendent seulement la mort, ceux qui n'ont nulle part où fuir, ceux qui n'ont pas la force de se déplacer à nouveau, ni l'argent pour trouver un autre endroit où aller. Nous sommes parmi ces derniers. Nous ne nous partirons pas. Il n'y aura plus de nouveau déplacement.

Les chars sont tout près. Leurs canons tirent des obus au hasard.

Nous nous cachons du mieux que nous pouvons, en attendant– la mort ou un cessez-le-feu.

Et pourtant, j'ai décidé de terminer mes études que j'avais laissées en suspens, dans l'espoir de trouver du travail après cette guerre, afin d'aider mon mari à reconstruire notre vie.

Étudier en temps de guerre est un combat en soi. J'ai tant de mal à me concentrer, parce que pendant la guerre, il n'y a ni le temps ni l'espace pour travailler.

J'ai à peine les moyens de payer l'université pour passer mes examens. La connexion internet est souvent interrompue, même pendant les examens.

Être étudiant en temps de guerre est déjà suffisamment difficile. Être étudiante mariée en temps de guerre l'est encore plus.

Voici la version abrégée de mon histoire. Je l'ai écrite pour deux raisons :

Premièrement, pour oser enfin me l'admettre à moi-même.

Et ensuite, pour la libérer de mon esprit, car tout au long de cette guerre, j'ai dû rester forte. Je suis restée forte devant mon mari afin qu'il ne s'effondre pas, devant mes enfants afin qu'ils ne perdent pas espoir en leur avenir. Enfin, devant les autres, afin qu'ils ne me plaignent pas.

Mais au fond de moi-même, c'était la défaite, la rupture et l'effondrement, et une humiliation que je n'aurais jamais imaginé vivre.

Une douleur trop grande pour être exprimée par des mots.

Une terre compatissante devenue dure

Saja Abdel Hakim

Dans les yeux de chacun d'entre nous vivent des larmes palestiniennes
    et des tristesses arabes qui pèsent lourdement sur nos cœurs.
Les cheveux de nos enfants sont devenus gris.
La flamme de la passion dans nos yeux s'est éteinte. Nos espoirs se
    sont évanouis.

Nos efforts ont été réduits à néant.
Nos aspirations sont devenues un mirage, et notre patrie est en ruines.
Même nos cœurs, autrefois si tendres, ne sont plus ce qu'ils étaient.

Ici Gaza.
Ma patrie bien-aimée.
Il n'y a rien, il n'y a que la mort.
Aucun son ne couvre celui des lamentations funèbres.
    Aucun sentiment ne l'emporte sur la tristesse.
Et il n'y a pas de rémission après la douleur déchirante de la perte.

Mon père – que Dieu ait son âme – me faisait voir cette terre à travers ses yeux : je la voyais belle, chaleureuse, authentique, forte et pleine tendresse.

Il me disait que l'endroit géographique le plus précieux au monde pour tout être humain est sa patrie, et que Gaza est la plus précieuse de toutes.

Je lui parlais souvent de mon rêve de partir à l'étranger après l'obtention de mon diplôme d'études secondaires, mais je lui promettais que je reviendrais.

Je ne m'absenterai pas longtemps de la terre que mon père aimait, de la terre où il a planté ses oliviers.

Je n'abandonnerai pas la terre dont le blé est pétri par ma mère et dans laquelle elle plante ses rosiers.

Je n'abandonnerai pas une terre habitée par mes amis, mes proches et leurs proches.

Je reviendrai certainement.

Laissez-moi partir, seulement un moment, pour me reposer et reprendre mon souffle du siège qui nous étouffe, et revenir avec un diplôme universitaire dont je serai fière, et qui vous rendra fiers.

Mon père est décédé.

Et après une année, j'ai senti que la terre avait changé.

Elle n'était plus telle qu'il me l'avait décrite.

Elle était devenue cruelle.

Et tous les frères enfants de cette terre, sont devenus cruels.

Le monde n'a plus de cœur et ne voit que ce qu'il veut voir.

Le déluge d'al-Aqsa –

Cette guerre m'a pris ceux que j'aimais, leurs proches et nos compagnons. Elle a interposé la poussière et les décombres entre nous, faisant du départ et de l'éloignement le seul rêve de chacun dans son pays.

Partir à jamais, à l'étranger – pardonne-moi, ô mon père ! – ou au Paradis.

Et c'est vraiment ce à quoi aspire mon cœur, pour des retrouvailles éternelles avec ceux que nous aimons, sans plus de séparation.

Une nuit sans aube

Rasha Ismail Musabeh

Cette nuit-là, nous n'avons pas dormi.
La terreur nous saisissait le cœur et nous coupait le souffle.
Les avions de l'occupation n'ont pas cessé de bombarder une seule
    seconde, et nous étions piégés dans cette école, incapables
    d'en sortir.

Nous avons passé le temps à attendre désespérément l'arrivée du
    matin. C'était la nuit la plus longue que j'aie jamais vécue.
Tout était absolument terrifiant.
L'éclat des missiles, peignant le ciel nocturne d'orange, était suivi
    d'un bruit indescriptible –
un son si puissant que j'avais l'impression que mon âme quitterait
    mon corps.

Mon cœur se glaçait à ces instants, et je fermais les yeux très fort,
    convaincue qu'ils ne se rouvriraient plus jamais.
Dès que le matin est arrivé, nous nous sommes précipités à la fenêtre
    de la classe pour voir où étaient tombées les bombes durant la nuit.

Ce que nous avons vu était choquant –
tout s'était passé si près.

Je me suis mise à trembler.
J'ai supplié ma famille de partir, mais ils m'ont dit que la situation
    dehors était trop dangereuse.
Nous devons rester ici, disaient-ils.
Nous n'avons pas d'autre choix que de mourir là où nous sommes –
    comme les dizaines de milliers de martyrs de cette guerre.

Je ne pouvais supporter ces mots, et mes yeux restaient figés, rivés à
    la fenêtre, incapables de se détourner de l'immense destruction
    devant moi.

Toute la journée, j'ai eu ce pressentiment –
qu'un malheur allait s'abattre sur cette école. Je ne savais pas
    comment, ni quand, mais ce sentiment ne m'a pas quittée.

Il était exactement 14h30, je balayais la classe comme d'habitude.
    Ma sœur lavait la vaisselle.

Ma mère était au rez-de-chaussée, pour acheter un peu de pain
pour le déjeuner.
Puis soudain –
le bruit du cauchemar.

Un missile a frappé le centre de la cour. Les éclats de vitres et les
fragments de la roquette nous sont tombés dessus.

J'ai laissé tomber le balai et j'ai couru vers la porte de la classe, en
criant de toutes mes forces :
« Mama ! Mama ! »

J'ai couru aussi vite que j'ai pu. Tout ce que je voyais était du gris –
la fumée du missile avait recouvert chaque recoin de l'école.
Quand j'ai enfin atteint le rez-de-chaussée, j'ai vu maman.
Je n'en croyais pas mes yeux.
Avant même de m'en rendre compte, je la serrais très fort dans mes
bras, en palpant tout son corps – m'assurant que le missile ne
l'avait pas blessée.

Puis, j'ai détourné mon regard de ma mère vers la cour – je l'ai vue
baignée du sang des martyrs.

Un frisson a traversé mon corps.
Je me suis soudain rappelé le sang sacrificiel que nous voyons pendant
l'Aïd al-Adha.
Je n'aurais jamais imaginé que nous serions nous-mêmes un jour
le sacrifice.

Des enfants jonchaient le sol. Des vieillards.
Des femmes.
Je parle d'un massacre –
de vingt martyrs dont le sang a peint la cour en rouge.

Je n'ai pu aider personne.
Tout ce que j'ai pu faire était de regarder –
avec un silence qui couvrait un choc profond, et une douleur qui n'a –
et n'aura jamais – de fin, une douleur qui ne sera jamais oubliée.

Un nouveau jour

Lina Khattab

Un nouveau jour m'a été offert. J'essaie de vivre au milieu des épreuves de l'existence, pleinement consciente de l'héroïsme des hommes et des femmes affrontant des circonstances inimaginables dans ma petite ville – la ville la plus acharnée à revendiquer sa liberté.

Une liberté désormais interdite, et dont parler relève de la folie. Car comment, pour celui qui ne possède même pas un morceau de pain, réclamer une patrie ? Alors qu'il a vu de ses propres yeux comment les espoirs des rêveurs sont réduits à néant, et ce que signifie être dans un lieu qui ne t'accorde rien d'autre que de chercher ta nourriture quotidienne, que d'endurer les jours qui passent.

Cette réalité me fait mal. Et ce qui me fait encore plus mal est que nous soyons regardés comme du matériau humain voué seulement à la pitié. Mais ici, nous sommes des combattants. Nous luttons contre la peur, et nous rêvons des rêves plus grands que ceux que nous avions autrefois. Nous vivons le jour avec le courage d'affronter la fin qui peut être à tout moment, à une balle ou à une bombe de distance – comme si ici, nous n'avions pas peur de la mort, même quand nous rêvons encore de la vie.

Lettre d'une survivante

Malak Al Ashi

J'avais écrit cette lettre en janvier dernier en croyant que c'étaient là mes dernières paroles.

La situation ici est devenue insoutenable. Pendant des mois, l'électricité, les communications et internet ont été totalement coupés.

Nous avons été forcés de quitter notre maison à Gaza à cause des bombardements intenses. Mais nous avons refusé d'évacuer vers le sud de la bande. Nous avons d'abord cherché refuge dans un hôpital voisin, puis nous nous sommes installés dans un immeuble résidentiel appartenant à un proche – toujours dans la même ville.

Puis lles chars et les soldats israéliens ont avancé et nous ont encerclés dans cet immeuble pendant cinq longues semaines.

Nous étions entre 150 et 200 personnes, dont 40 de ma famille, mes oncles et leurs enfants. Durant cette période, le simple fait de regarder par la fenêtre pouvait te coûter la vie – les chars israéliens étaient stationnés juste devant l'entrée de l'immeuble. Plusieurs appartements ont été bombardés, y compris celui où nous nous trouvions. Mais par miracle, nous avons survécu.

Ils ont brûlé et écrasé toutes les voitures de la rue, y compris celle de mon père. Nous ne pouvions pas sortir pour acheter de la nourriture et de l'eau. L'approvisionnement municipal en eau avait cessé complètement à cause de la destruction des infrastructures.

Nous n'avions qu'une petite réserve d'eau potable que nous rationnions soigneusement. Nous mangions un seul repas par jour, afin seulement de prolonger notre existence. Nous avons bu de l'eau contaminée, impropre à l'utilisation humaine.

Nous avons vu la mort en face, encore et encore. Nous lui avons parlé. Mais chaque fois, elle nous épargnait et disait :

« Pas encore. Je reviendrai. »

Quand les chars et les soldats se sont retirés de la zone, nous avons constaté l'ampleur de la destruction. La ville entière n'était plus que gravats. Nous n'avons plus reconnu les rues où nous avions grandi.

Les prix de la nourriture avaient explosé, et le fantôme de la famine rampait. Et même là, presque rien n'était disponible. Il n'y avait que du riz et quelques légumineuses.

C'était tout.

Nous ne pouvions pas retourner chez nous car l'armée ne s'était pas encore retirée de notre quartier. Alors nous nous sommes dirigés vers la maison de mon grand-père, où nous sommes restés trois semaines. Quand enfin l'armée s'est retirée de notre quartier, nous sommes retournés à la maison.

Ce n'était plus une maison. La maison de mon enfance a été brûlée, détruite. Il ne restait plus grand-chose de ma chambre, qui avait été mon havre de paix : ni meubles, ni murs, pas même les cendres.

C'était un *vide*. Comme si tout ce qui était là avant s'était évaporé.

Malgré tout, mes frères y retournaient presque chaque jour pour réparer ce qu'il était encore possible de réparer, ils s'accrochaient à l'espoir d'un retour.

Mais un lundi matin, deux de mes frères – Ahmed, 24 ans, et Mahmoud, 17 ans – sont allés inspecter la maison. Ils ne sont jamais revenus.

Des avions de guerre israéliens les ont bombardés près de la maison, avec notre cousin Hicham, qui avait 29 ans. Ils ont été tués sur le coup.

Un de leurs amis, qui avait survécu à l'attaque, est venu nous prévenir. Il n'y avait ni téléphone. Ni internet. Ni routes praticables.

Aucun moyen de les atteindre.

Aujourd'hui, je vis comme si la guerre recommençait de nouveau. Les chars et les soldats avancent et nous avons dû quitter la maison de mon grand-père, encore une fois. Les obus tombent au hasard autour de nous, et nous ne savons pas lequel va nous atteindre.

Est-ce qu'il va nous tuer tous ? Va-t-il tuer quelques-uns en laissant d'autres blessés ?

Nous avons tant perdu.
Nous avons perdu nos proches bien aimés. Nous avons perdu notre maison.
Nous avons perdu notre travail. Nous avons perdu notre avenir.
Nous avons perdu nos rêves.
Nous avons perdu nos écoles et nos universités.

En ce moment même, je devais être en train de passer les examens du troisième semestre de mon master.

Cette histoire n'est pas une dystopie imaginaire.

Ceci est un petit fragment de ce que nous avons vécu – au milieu de cette guerre indicible.

Nos sentiments quand la guerre a repris le 18 mars 2025

Batol Nabeel Alkhaldy

La nuit où la guerre est revenue était une nuit de tragédie.
De nouveau, les missiles sont tombés sur les têtes des innocents, leurs
    bruits – terrifiants, inhumains – défiant toute description.

Malgré tout, je me suis dit : cela ne durera pas longtemps.
Parce qu'il y a un accord, signé sous les yeux de grandes puissances –
    Israël ne pourra sûrement pas continuer le combat.

Mais la vérité a frappé plus fort que n'importe quel missile :
Personne n'est intervenu pour nous. Personne n'a agi.
Et les combats ont repris, plus féroces encore qu'avant.

Nous n'avions pas eu le temps de reprendre notre souffle
    après la dernière guerre.
Nous venions à peine de recommencer à rêver, à planifier un avenir
    que nous espérions plus beau.

Mais le retour des bombes a réduit ces rêves en morceaux.
Je ne comprends pas comment le monde entier peut rester silencieux.
Pourquoi est-ce que personne ne dit rien ?

Nous ne demandons pas le luxe.
Nous ne cherchons pas des vies parfaites et confortables.

Tout ce que nous voulons, c'est de nous réveiller au son des oiseaux
    plutôt qu'à celui des avions, c'est de manger sans nous demander
    si c'est notre dernier repas.

Nous sommes des enfants de la guerre. Nous vivons chaque jour
avec des souvenirs imprégnés de douleur.
Et pourtant, malgré tout, nous osons encore rêver – des rêves,
    pas des cauchemars.

Je me demande parfois :
notre vie sera-t-elle toujours ainsi ?
La misère et la tragédie sont-elles notre destinée jusqu'à la mort ?

Mais alors, je me rappelle :
ce monde n'est pas la fin.
Chaque histoire a une suite.
Et il y a toujours de l'espoir.

Car il y a un Dieu qui regarde ce monde.

Quand la voix est visée : Témoignage sous le feu à propos de Hasan Aslih

Dalal Sabbah

Dans le chaos de la mort quotidienne, quand la parole peut peser plus lourd qu'une balle, Hasan Aslih tenait sa caméra comme un soldat tient son fusil – non pour tuer, mais pour témoigner. Dans la guerre incessante contre Gaza, où l'horizon n'augure que des funérailles différées, Hasan faisait partie des rares qui ne dormaient pas, ne fuyaient pas, ni ne se cachaient derrière le silence. Il faisait face à la terreur le torse nu et la caméra ferme.

Hasan Abd al-Fattah Muhammad Aslih, connu sous le nom d'Abu al-Abed, est né le 18 décembre 1987 à Khan Younis, dans le sud de Gaza. Il a commencé sa carrière de journaliste en 2009 et s'est imposé comme l'un des reporters de terrain les plus en vue de Gaza, avec une forte présence numérique. Il ne se contentait pas de rapporter l'actualité : il était les yeux du peuple et la lentille d'une terre qui parlait par le sang et les cendres.

Hasan dirigeait l'une des chaînes d'information les plus suivies sur Telegram. Sa plateforme était devenue une source fiable, à la fois pour les médias internationaux et pour les gens ordinaires en quête de vérité sans filtre. À travers des milliers d'images et de vidéos, il avait constitué une archive considérable de la douleur et de la résistance de Gaza, une archive produite sous la menace constante de l'effacement : l'effacement de la vie et de la mémoire.

En tant que photojournaliste indépendant, Hasan a collaboré avec de grands médias internationaux, dont CNN et l'Associated Press. Depuis le 7 octobre, il documentait les horreurs qui se déroulaient à Gaza avec une fidélité sans faille. Il n'était pas seulement un témoin : il était un gardien de la mémoire, un historien qui écrivait depuis l'antre du feu.

Dans une réalité où les journalistes sont devenus des cibles directes, la caméra n'est plus un bouclier : elle est devenue un acte d'accusation qui appelle une condamnation à mort. Hasan n'était pas une cible prise au hasard ; il a été délibérément réduit au silence dans le cadre d'une politique systématique d'Israël : éliminer les témoins de la vérité. Son assassinat n'a pas été le premier, mais s'inscrivait dans une longue et sanglante série d'exécutions ciblées de journalistes palestiniens – chez eux, sous des tentes, dans des voitures, jusque sur les lits d'hôpitaux.

Le 7 avril 2025, alors qu'il se trouvait près de l'hôpital Nasser à Khan Younis, la tente des journalistes – censée être un dernier refuge – a été directement visée par une frappe aérienne israélienne. Hasan a été grièvement blessé, il a perdu deux doigts et a été exposé à des brûlures étendues. Il a échappé de justesse à la mort lorsque son confrère Tamer Keshta l'a porté sur son dos à travers les flammes – dans un moment où l'amitié a défié la mort, avec un esprit de résistance indestructible.

Mais les miracles ne se répètent pas.

À l'aube du mardi 13 mai 2025, alors que Hasan gisait dans son lit d'hôpital, dans l'unité des grands brûlés du complexe médical Nasser, le drone israélien est revenu pour achever ce que le premier missile avait commencé. Il a directement visé le troisième étage de l'hôpital, frappant exactement la section où Hasan reposait, sans défense. Il est tombé en martyr dans son lit, brûlé sous les décombres – dans un double crime : le meurtre du blessé et l'assassinat du témoin.

Tamer Keshta, qui campait encore près de l'hôpital, se souvient :

« J'ai entendu une énorme explosion secouer l'endroit. Des flammes s'élevaient du troisième étage, là où Hasan se faisait soigner. Quand nous l'avons atteint, son corps était enseveli sous les gravats… il ne restait de lui que des cendres. »

Hasan a été visé deux fois, mais la seconde frappe portait un message : la caméra est plus dangereuse que le fusil. Exposer le crime est devenu un crime en soi, aux yeux du criminel.

Hasan laisse derrière lui une archive vivante d'images et de sons – un écran qui continue de diffuser la vérité qu'ils ont tenté d'enterrer.

Il laisse aussi une épouse endeuillée et quatre enfants – un garçon et trois filles – trop jeunes pour comprendre ce que signifie être journaliste à Gaza, ou qu'une simple caméra mérite une condamnation à mort.

Hasan Aslih n'est pas seulement un nom de plus sur la liste des martyrs.

Il était la mémoire d'un peuple, la voix d'une ville en sang, un objectif qui a continué d'enregistrer même lorsqu'il a été réduit au silence sous les décombres. Derrière chaque missile, il y avait une photo prise quelques instants plus tôt, un clip qui fixait la douleur avant qu'elle ne disparaisse, une image gravée dans l'histoire pour rappeler que la vérité ne meurt pas, même si elle est assassinée deux fois.

Son assassinat – d'abord pendant sa couverture des événements, puis durant ses soins –met Israël face à un double crime : le meurtre systématisé des journalistes et la violation de la neutralité médicale. Ce n'était pas seulement l'attaque contre un homme, mais une tentative délibérée de faire taire la voix, brouiller l'image et effacer la mémoire aux yeux du monde.

Cibler les journalistes, c'est assassiner la vérité. C'est envoyer ce message : « Nous ne voulons pas de témoins du crime. » Mais ce que le bourreau ne comprend pas, c'est que l'objectif qui a capté la vérité vit dans chaque conscience, et que la parole écrite au cœur du feu ne peut être effacée, même par le sang.

Les enfants de Gaza sous les décombres

Raghad Izaat Hammouda

Dans un quartier bondé de Gaza, où les maisons se serraient les unes contre les autres comme pour se protéger des bombardements incessants, vivait Laila, dix ans, avec sa petite famille. Elle se réveillait à l'appel de la prière de l'aube, ouvrant les yeux sur la lumière du soleil qui filtrait à travers les trous de balles dans le mur de la cuisine. Dans le coin de sa minuscule chambre, elle avait accroché ses dessins – des oliviers et une mer qu'elle n'avait vue qu'en rêve. Son petit frère Youssef jouait avec sa poupée de chiffon rapiécée, riant aux éclats tandis que leur mère,

Umm Youssef, façonnait des marionnettes d'ombres à la lueur fragile de la bougie.

« Baba, quand retournerons-nous à l'école ? » demandait Laila pendant qu'ils mangeaient du pain sec avec de l'huile d'olive.

« Bientôt, ma chérie, quand la guerre cessera… » répondait Abu Youssef d'une voix rauque, les mains tremblantes en manipulant leur vieille radio à la recherche de nouvelles d'un cessez-le-feu.

Par une nuit d'hiver glaciale, la faim s'était invitée à leur table, pesamment assise parmi eux. Umm Youssef ne parvenait plus à cacher ses larmes en rationnant la maigre nourriture : « Mangez doucement – nous ne savons pas quand l'aide viendra. »

Soudain, l'électricité s'éteignit et les sirènes d'alerte hurlèrent comme des loups affamés. Laila trembla en entendant les avions de guerre rugir au-dessus d'eux comme un tonnerre sans fin.

« Cachez-vous sous l'escalier ! » cria Abu Youssef. Mais il était trop tard.

Le missile frappa le mur extérieur, réduisant leur maison à un tas de décombres. Laila se sentit sombrer dans l'obscurité, l'air saturé de poussière et de cris. Elle entendit le faible gémissement de Youssef : « Laila… j'ai peur ! » Elle tenta de ramper vers lui, mais une tige en fer lui transperça la jambe.

L'odeur du sang se mêlait à celle de la poudre. Le cri de sa mère – « Sauvez mes enfants ! » –fut englouti par les gravats.

Quand Laila rouvrit les yeux, le monde était renversé. Elle vit la main de son père – portant encore son alliance usée – dépasser des décombres. Elle rampa vers la main, ses genoux s'éraflant sur des éclats de verre, et découvrit le corps de son père sectionné à la taille, ses intestins enroulés autour du cadre de leur dernière photo de l'Aïd. Son visage, figé dans un cri silencieux, était tourné vers l'endroit où Umm Youssef se tenait avec le petit Ahmed dans les bras.

Le sang était partout. Des éclaboussures de sang artériel avaient peint des motifs grotesques sur les murs.

La salopette jaune tournesol de Youssef n'était plus qu'un lambeau rouge sous une dalle de béton. Il ne restait que sa petite sandale – sa semelle encore recroquevillée, comme au moment où il l'avait jetée en jouant.

Quelque chose de chaud coulait sur la nuque de Laila. Un morceau de cervelle s'était accroché à son voile. En levant les yeux, elle vit la tresse de sa mère – celle qu'elle lui avait tressée le matin même – pendre entière du ventilateur au plafond.

Puis – un son.
Sous le corps de son père, Ahmed, dix-huit mois, haletait. Son crâne était enfoncé, un œil gonflé fermé.
En le tirant vers elle, ses joues se tachèrent du sang de son père, collé sur les doigts du petit garçon. « La… la… » balbutia-t-il, comme s'il fredonnait encore la berceuse de leur mère.

À l'hôpital Al-Shifa, où l'air était saturé de gangrène et de désinfectant, Laila vit une infirmière recoudre la tête d'un enfant sans anesthésie.
« Son cerveau est à vif ! » cria quelqu'un.
« Au suivant ! » aboya un médecin, sa blouse raidie par le sang séché.

Elle serra Ahmed contre elle – son souffle de plus en plus humide – pendant que ses yeux saisissaient l'horreur :
une fillette serrait dans ses bras le bras amputé de son frère,
un vieillard buvait de l'urine dans une poche de perfusion,
un nouveau-né hurlait à côté du cadavre de sa mère.

Un mois plus tard, dans une tente de l'ONU, Laila ouvrit son cahier, ses mains encore crispées par le sang séché de sa famille :

> Cher Youssef,
> Aujourd'hui, j'ai vu un garçon qui avait ton rire.
> Je l'ai suivi partout, jusqu'à ce que sa mère appelle la police.
> Ahmed ne pleure plus. Je crois qu'il a oublié comment.
> Avec amour,
> Ta meurtrière (parce que je ne t'ai pas serré assez fort).

Ceci n'est pas une histoire.
Au moment même où vous lisez ces lignes, des dizaines de petites Laila sont encore ensevelies sous les décombres de Gaza.
Des centaines d'Ahmed respirent avec des poumons effondrés.
Et des milliers de tournesols ne fleuriront jamais.

Les enfants de Gaza gravent leurs histoires dans le béton avec leurs ongles nus – implorant le monde d'écouter avant que ne s'éteigne le dernier souffle.

Gaza saigne chaque jour, mais refuse de mourir –
car ses enfants portent en eux ce qui est plus fort que les bombes :
la mémoire.

J'ai enterré l'avenir trop tôt

Nour Ahmed Almajaida

Les émotions que je ressens aujourd'hui sont la peur et l'incertitude. Je
   ne sais même pas si je crains la mort elle-même ou non.
L'idée de mourir ne m'effraie pas – nous mourrons tous un jour.
   Mais ce qui m'effraie, c'est de perdre tous mes amis, ma famille,
   tous ceux que j'aime – à cause de cette guerre.

Mes souvenirs me font mal – à quoi bon les garder lorsque les
   personnes avec qui je les avais créés ne sont plus là ? Ils restent
   coincés dans ma poitrine, et je reste coincée aussi, ne pouvant ni
   les revivre ni les abandonner.

J'ai peur de rester seule après la guerre – de survivre, mais de revenir
   à rien.

Et une pluie de questions s'abat sur moi, auxquelles je ne trouve
   pas de réponse :
Retrouverai-je ma maison en rentrant ?
Reviendrai-je seulement ?
Passerai-je le reste de ma vie ici ?
Devrai-je renoncer à tout ce que j'ai toujours espéré ?

Ne pas savoir quand cela finira, ni ce qui arrivera ensuite,
   ni même si je serai encore en vie d'ici là, me ronge d'angoisse.
Mes pensées sont hantées par l'avenir.

Je pense aux rêves que j'avais autrefois – et à quel point beaucoup me
   semblent désormais inaccessibles, comme s'ils appartenaient à une
   autre version de moi-même.
Je me demande si la vie que j'avais imaginée existera un jour.

Parfois, je pense à mon amie qui est morte pendant la guerre. Je l'ai
   appris bien trop tard. J'en ressens encore une culpabilité tenace.

Et souvent, je me demande si quelque autre personne que je connais
est morte – quelqu'un dont je n'ai plus de nouvelles – sans même
que je le sache.

Le plus difficile aujourd'hui est de faire face à tous ces
bouleversements, de supporter d'être enfermée à la maison jour
et nuit, de voir chaque jour les mêmes visages. La situation en
devient étouffante, insupportable.

Malgré tout, je garde à l'intérieur de moi un espoir ténu, un vœu auquel
je m'accroche : celui de vivre en paix jusqu'à ma mort.

Je veux un nouveau départ – une nouvelle vie, dans un nouvel endroit,
avec tout de nouveau.

Je veux vivre librement, pleinement, sans peur de ce que demain
apportera.

Mais en réalité, je ne sais pas comment réaliser cette vie,
ni si une telle vie est même possible.

Rêves sous les décombres

Aya Khaled Jourani

Bonjour,

Je m'appelle Aya Jourani. J'ai 19 ans et je vis à Gaza, en Palestine. J'étudie l'anglais à l'Université Al-Azhar.

Cette guerre a bouleversé ma vie de fond en comble. J'ai perdu trois de mes sœurs et leurs enfants innocents – ils ont été déchiquetés et nous n'avons même pas pu les enterrer. La douleur de cette perte ne me quittera jamais.

Avant la guerre, je rêvais de voyager, d'apprendre, de développer mes compétences en dessin et en traduction. Je vivais dans une belle maison et j'avais une vie paisible. Aujourd'hui, je n'ai plus de maison, plus de sécurité et, parfois, même pas de quoi manger.

Mes rêves ont été ensevelis sous les décombres.

Je vis désormais chaque jour dans la peur, sans savoir si je verrai le lendemain. Mais malgré tout, je continue de rêver à un avenir meilleur.

Nous, à Gaza, nous aimons la vie. Nous ne sommes pas seulement des titres dans les journaux – nous sommes des étudiants, des artistes, des familles. Nous méritons de vivre en paix.

Les choses simples me manquent : le rire, la sécurité, l'espérance.

Même après avoir tant perdu, j'aime toujours Gaza. Je reste attachée à mon identité palestinienne. Cette guerre m'a tout pris – sauf ma volonté de vivre et mon espoir.

Tout ce que je veux, c'est vivre sans peur et, un jour, réaliser les rêves que je gardais près de mon cœur.

Une chanson inachevée

Obay Jouda

La nuit paraissait semblable à toutes les autres durant l'assaut israélien de 2014. À 22 heures, toute ma famille s'était réunie dans la maison de mes grands-parents, cherchant un faux sentiment de sécurité au milieu du chaos qui consumait notre terre. Ma mère préparait du thé, tandis que mon père et mes oncles tentaient de se distraire avec une partie de cartes.

En arrière-plan, la voix d'Om Kalthoum flottait dans l'air, chantant : « *Maintenant j'ai un fusil… en Palestine, ils m'ont emmenée avec toi.* »

Soudain, la musique s'est brisée. Une bombe a frappé la maison de notre voisin, réduisant en éclats le peu de normalité que nous avions réussi à préserver. Si ce moment avait été filmé au ralenti, on y verrait un flash aveuglant, jaune comme la lumière du jour à 10 heures du matin, suivi d'une explosion assourdissante qui a fait trembler la terre. Les murs tremblaient de peur, les vitres éclataient, les enfants hurlaient, les femmes criaient.

Mon père et mon oncle se sont précipités dehors pour voir ce qui s'était passé. Mais nous savions déjà. Leur maison était devenue un tombeau.

Des années plus tard, je me suis retrouvé à revivre ce souvenir, attiré à nouveau par la chanson d'Om Kalthoum. Je l'ai rejouée, écoutant attentivement. Elle commençait par un bombardement. Tout comme ma vie. J'attendais que l'explosion revienne, mais elle ne revint pas. La phrase suivante disait : « *Vingt ans à chercher une maison et une identité.* »

Aujourd'hui, j'ai vingt ans. Et je cherche encore.

Alors je demande : quand cette chanson prendra-t-elle fin ?

Un cri du goulot de la bouteille : questions en temps de tourmente

by Abd Alaziz M. Ismail

À mes frères et bien-aimés en Dieu,

Je partage aujourd'hui avec vous une part de ce que j'ai appris et vécu dans cette vie, en portant des questions qui pèsent sur l'âme et qui nous poussent à une réflexion profonde.

Pourquoi tant d'asphyxie ? Pourquoi cette impuissance paralysante qui nous entoure ?

Est-ce notre destin de rester silencieux, immobiles, alors que le chaos déchire chaque recoin de nos vies ?

On décrit notre situation à Gaza, en pleine guerre, comme étant arrivée « au goulot de la bouteille ».

Parfois on nous murmure la patience, comme si la délivrance devait nécessairement naître des entrailles de la souffrance.

Mais revisitons ces images.

Sommes-nous vraiment au « goulot de la bouteille » ? Et cette bouteille dont nous parlons, est-ce n'importe quelle bouteille ? Ou bien est-ce une bouteille de pierre, avec le goulot le plus étroit de toute l'histoire ?

Peut-être qu'il n'y a pas de bouteille du tout. Peut-être que c'est l'humanité elle-même qui l'a inventée.

Nous l'avons nommée ainsi, et nous lui avons donné cette dureté implacable.

Si seulement nous avions pris le temps de réfléchir, nous aurions pu l'empêcher de devenir une bouteille de pierre.

Nous aurions pu la garder souple, élastique – capable de plier, de résister à la rigidité et au poids.

Sommes-nous vraiment dans les affres d'une « naissance difficile » ?

Ou s'agit-il d'un processus qui ne peut aboutir qu'à un utérus déchiré et à un enfant inévitablement mort-né ?

Je pose ces questions parce qu'elles sont au cœur de nos dilemmes – et que les dilemmes, à leur tour, enrichissent notre compréhension et donnent naissance à des vérités éparses.

Nous avons le droit de questionner, et de partager nos questions, afin de nous consulter les uns les autres, comme une humanité collective en quête de vérité – même si elle est amère – car elle pourrait contenir la clé de notre salut.

Beaucoup de nos luttes quotidiennes naissent des perturbations – ou plutôt de notre incapacité à exposer et affronter les perturbations qui nous entourent.

Nous avons permis aux êtres perturbés de circuler librement dans nos vies.

Et ces gens-là ne se contentent pas de garder leur désordre pour eux-mêmes – ils le diffusent comme une contagion, infectant jusqu'aux plus petites particules de l'existence.

À l'image de ceux qui utilisent des bombes pour massacrer des civils sans défense à Gaza.

Ces bombes ne font que poursuivre l'œuvre de ceux qui les lancent : elles transfèrent leur chaos intérieur dans les corps des civils – propageant ce que j'appelle « l'esprit du diable » : asphyxie, suffocation, pénurie, faim, peur terrifiante.

Tout le monde court – affolé – comme si nous vivions les horreurs du Jour du Jugement.

Tout cela se déroule parce que nous n'avons pas prêté assez d'attention à ceux qui répandent leur désordre.

Nous accordons une grande importance aux mesures physiques, en observant comment certaines particules de la nature existent en équilibre, et d'autres dans une turbulence constante.

Grâce aux mesures et aux expériences, nous parvenons soit à supprimer les états instables qui pourraient conduire à des explosions, soit à nous adapter pour les éviter, soit même à intervenir pour empêcher la détonation.

Mais pourquoi n'avons-nous pas accordé le même soin aux individus perturbés – ceux capables d'allumer le chaos et de transmettre leur infection jusque dans les particules d'un missile, lesquelles à leur tour l'étendent aux populations dévastées de Gaza ?

J'ai vu de mes propres yeux la diffusion de « l'esprit du diable » partout où l'épreuve, la souffrance et la douleur s'installent.

Je ne dis pas cela pour susciter la pitié, mais pour initier une consultation – un dialogue humain – en tant qu'êtres aspirant à l'évolution, à la paix et à l'amélioration de cette Terre.

Nous devons prendre conscience du fait que la raison nous ordonne d'arrêter de telles guerres, de leur refuser toute chance d'éclater. Nous devons les déjouer, tout comme nous cherchons à déjouer les particules instables de la nature, afin de mettre fin à cette folie.

Université islamique avant ▼

Université islamique après ▼

Nous devons les déjouer, tout comme nous cherchons à déjouer les
particules instables de la nature, afin de mettre fin à cette folie.

Le peuple de Palestine, à Gaza, a enduré ce qu'aucun esprit rationnel
ne peut supporter – comme tenter de comprimer un éléphant dans
une boîte de moins d'un demi-mètre cube.

Peut-être que ces pressions ont fait naître en nous de nouvelles idées,
ont remodelé notre compréhension de la vie, du bonheur, de la
richesse et de la sérénité.

Mais en même temps, elles nous ont tant pris, sans nous accorder le
temps de mettre en pratique ce que nous avons appris.

Un jour dans la guerre d'extermination

Maria Abd Alkareem Mohammed Alhawajri

Un matin funeste, nous avons été réveillés par les cris d'un de nos
proches qui vivaient à côté. Les avions de guerre de l'occupation les
avaient frappés sans pitié. Certains ont été martyrisés. D'autres ont
survécu, perdant leur sang tandis que la catastrophe se déroulait sous
leurs yeux.

Quelques instants plus tard, des obus aveugles ont commencé à tomber,
s'abattant sur une maison après l'autre. Et la nôtre a été une de ces
maisons sur lesquelles s'est abattu un de ces obus. La cendre recouvrait
chaque recoin de notre foyer. Nous ne pouvions plus nous voir. Nous
criions nos prénoms, désespérés de savoir si tout le monde était encore
vivant, si nous n'avions perdu personne.

Grâce à Dieu, nous étions tous saufs.

Mais le bombardement a continué, implacable. Nous avons tenté de
rassembler nos affaires, mais la scène était terrifiante. Nous nous
sommes réfugiés dans la salle de bains, espérant qu'elle serait plus sûre
que le reste de la maison, car elle était construite en béton solide, alors
que le reste n'était qu'en plaques d'amiante fragiles.

Nous avons attendu, attendu encore que les frappes cessent.

Soudain, le silence est tombé. Profitant de ce répit, nous avons couru.

Dehors, une femme gisait devant notre porte, ses membres arrachés. Nous avons essayé de la relever, de l'aider, mais nous n'y sommes pas parvenus. Alors nous avons continué à courir, sans nous arrêter, espérant échapper au cauchemar.

Nous avons trouvé refuge dans une école voisine et y avons passé une nuit difficile. Nous étions allongés sur le sol glacé, à l'extérieur des classes, car l'endroit était surpeuplé de familles déplacées. Nous n'avions pas de couvertures pour protéger nos corps affaiblis.

Lorsque l'obscurité s'est dissipée et que l'aube a percé, une énorme explosion a secoué la zone proche de l'école.
Puis nous avons entendu le bruit des chars qui approchaient. Les bombes ont recommencé à tomber sur nous.

C'est devenu notre réalité quotidienne, tout au long de la journée.

Plus tard, on nous a ordonné d'évacuer l'école – sans aucun homme ni garçon pour nous accompagner. Seulement les femmes et les enfants. Nos jambes tremblaient. Nous avancions malgré tout, pour nous retrouver face aux chars. Nous avons continué à marcher – encore et encore – sur de longues distances.

Par moments, nous nous perdions les uns les autres et nous éclations en sanglots, cherchant désespérément à nous retrouver.
« Où est mon frère ? Où est mon frère ? » criait une petite fille.
À d'autres moments, l'une d'entre nous s'effondrait d'épuisement.

Finalement, nous avons atteint une autre école.
Mais nous n'avions aucune idée de ce qu'étaient devenus nos hommes.

Les tourbillons de la guerre et l'espérance de la vie
Ola Abdullah Suleiman Sheikh Al-Eid

Par cette nuit glaciale, nous étions douze à nous blottir dans une seule pièce – si étroite qu'elle semblait nous étouffer plus que nous protéger. Nous l'appelions « la chambre sûre » : pas de vitres pouvant éclater, pas d'objets tranchants susceptibles de se transformer en éclats mortels. Comme si ses murs muets pouvaient nous abriter de la folie de la nuit et du ciel hurlant.

Nous avions éteint les lumières et nous nous étions allongés en silence, essayant de déjouer la peur tapie dans nos souffles.

Depuis six mois, nous dormions dans cette même pièce – la partageant, nous enveloppant de son fragile espoir. Douze corps, chacun recroquevillé dans un coin qu'il croyait plus sûr que les autres. Mais ce n'étaient que des coins de la même pièce, semblable à une petite prison que nous endurions ensemble.

Là, dans l'obscurité, chacun de nous portait au fond de sa poitrine un désir silencieux – attendant un seul signe de paix qui soulèverait le poids écrasant nos poumons, qui nous rendrait notre liberté de mouvement, qui nous sauverait des pleurs sans sommeil de la nuit et de la terreur ininterrompue du jour.

Nous étions piégés – entre les murs et la panique – cherchant dans notre immobilité une lueur capable de disperser l'ombre de la guerre. Mais ce n'était qu'une pièce... un abri fragile.

L'horloge sonna minuit. Mais ce tintement n'était pas celui des autres nuits. Ce n'était pas seulement le heurt du métal – c'était une décharge qui nous transperça le cœur, suivie du bourdonnement des avions de guerre envahissant le ciel comme des fantômes dévorant tout sur leur passage.

Puis vint le bombardement – brutal et soudain – comme si le ciel lui-même s'était abattu sur nos têtes. La maison trembla jusque dans ses fondations, comme si son cœur palpitait à l'unisson des nôtres.

Les explosions s'enchaînaient, impitoyables, sans répit.

La nuit semblait décidée à déverser toute sa folie d'un coup. Les avions tournaient au-dessus de nous, ne laissant aucun moment de silence. Ils hurlaient, rugissaient, déchiraient l'air – peignant la mort dans le ciel.

Puis nous les avons entendus... des sons qui n'appartenaient pas à ce monde, mais à un monde en sang.

Des femmes gémissaient. Des enfants hurlaient. Des appels à l'aide gonflés de désespoir.

Ils ne provenaient pas des maisons voisines. Ils résonnaient depuis les haut-parleurs des avions eux-mêmes.

« Ne sortez pas ! », cria mon père. « C'est un piège… ils chassent nos âmes. »

Puis vint la fusillade – aléatoire, aveugle.

Et ensuite, des murmures dans l'obscurité :
– « Vous allez bien ? »
– « Éteignez vos écrans de téléphone. »
– « Pas d'internet… pas d'électricité… pas de nouvelles. Juste la confusion de ce qui arrive – inconnu, invisible. »
– « Soyez prêts. Nous devrons peut-être quitter la maison à tout instant. »
– « Je dois aller aux toilettes. »
– « C'est au bout du couloir, près de la fenêtre – sous un drone qui ne s'éloigne jamais. »

Soudain, un petit drone glissa par la fenêtre de la chambre d'amis ouverte, comme un fantôme descendant du ciel. Nous ne l'avions pas entendu approcher. Mais d'un coup, la pièce s'illumina d'une lueur bleutée étrange, vacillant sur les murs tremblants.

Quelqu'un murmura : « Ne bougez pas… restez immobiles. »

Ce qui suivit ne fut pas des minutes – mais des vies entières.

Chaque seconde ressemblait à un pas au bord d'un gouffre, sans savoir s'il allait nous engloutir ou nous accorder une chance de survivre encore.

Et puis… le matin arriva.

Le ciel s'apaisa. Les drones cessèrent de tourner. Le bombardement prit fin. Un silence étrange s'installa – mais cette fois, il n'était pas terrifiant.

C'était un silence comme une trêve, comme si le monde avait décidé de nous donner un instant de répit.

Nous sortîmes sur le balcon, et la vie commença peu à peu à reprendre. Ici, le marchand de légumes ouvrait son humble étal. Là, un omme poussait sa charrette, vendant du pain. Petit à petit, la ville recommençait à respirer.

Et la vie, dans ses plus petites formes, revint. Et moi aussi, je revins – à celle que j'étais.

Une volontaire.
Allant d'un abri à un autre. Aidant les déplacés.
Distribuant des couvertures.
Notant les noms des familles.
Traçant avec mon cœur – avant mon stylo – un chemin humble vers l'espérance.

La famine à Gaza

Randa Zakaria Al-Basaina

La famine à Gaza est l'une des crises humanitaires les plus douloureuses au monde aujourd'hui. Des milliers de familles – surtout des enfants et des femmes – vivent sans nourriture suffisante ni eau potable. Beaucoup ne mangent qu'une seule fois par jour. D'autres passent toute une journée sans rien manger. La malnutrition a laissé d'innombrables enfants maigres, faibles, incapables de grandir normalement.

Cette famine n'est pas due à la nature. Elle est fabriquée par l'homme – causée par la guerre, le siège et la destruction. Depuis des années, Gaza est soumise à un blocus qui rend presque impossible l'entrée de nourriture, de médicaments et d'eau potable.

Les camions d'aide sont souvent retardés ou refoulés. Les fermes, les boulangeries, les magasins et les entrepôts alimentaires ont été bombardés. Même la mer n'est plus sûre pour les pêcheurs, rendant le poisson frais aussi rare que les légumes.

Dans beaucoup de foyers, il n'y a pas d'électricité. Sans réfrigération, la nourriture se gâte rapidement. Cuisiner est difficile, le gaz et les provisions étant limités. Les mères font tout pour nourrir leurs enfants, se privant souvent elles-mêmes afin que les petits puissent manger.

Les hôpitaux sont débordés. Des bébés sont morts faute de lait infantile. Les patients reçoivent peu ou pas de nourriture. Les médecins et infirmiers poursuivent leur travail avec courage, mais eux aussi sont dans le besoin.

La faim rend les gens malades – non seulement physiquement, mais aussi mentalement et émotionnellement.

Pourtant, au milieu de cette souffrance, le peuple de Gaza reste fort. Les gens s'entraident. Les voisins partagent le peu qu'ils ont. Les familles s'accrochent à l'espérance. Les gens prient, endurent, et continuent à faire preuve de bonté même dans les moments les plus sombres.

Le monde ne doit pas détourner le regard. Nous devons dire la vérité sur ce qui se passe. Les gouvernements et les organisations doivent envoyer de la nourriture, de l'eau, des médicaments et une aide essentielle. Mais surtout, la guerre doit cesser. Seule la paix peut mettre fin à la faim et à la souffrance.

J'espère qu'un jour, Gaza sera un lieu de paix, de sécurité et de joie. J'espère que les enfants y grandiront forts, iront à l'école, joueront librement, et ne connaîtront plus jamais la faim. Chaque être humain mérite la dignité – et le peuple de Gaza n'y fait pas exception.

J'écris parce que le monde est sourd

Rawan Marwan Omar Matar

Je n'aurais jamais imaginé que l'écriture deviendrait mon seul moyen d'exprimer la rage et les cris enfermés au fond de moi – non parce que je l'ai choisi, mais parce que le monde ne nous entend pas, ou refuse de nous entendre. À Gaza, nous ne racontons pas des histoires par loisir ; nous les racontons pour survivre, pour tenter de comprendre ce qui nous arrive. Le fardeau est lourd, et la douleur profonde.

Ici, à Gaza, nous luttons simplement pour rester en vie, comme si cette terre n'était plus la nôtre. Nous ne reconnaissons plus nos rues – la destruction en a effacé les traits autrefois si beaux. Gaza est aujourd'hui inondée de sang, de deuil et de tristesse. Les gens sont blessés, brisés, perdus – leurs visages recouverts de poussière, marqués par l'épuisement. Beaucoup ont frôlé la folie sous la pression incessante.

Comment sommes-nous censés endurer de telles horreurs ? Les bombes tombent de toutes parts. Nous vivons dans la peur constante de perdre nos proches. Les maisons ont disparu, les amis ne sont plus, et nous nous accrochons à ceux qui restent, terrorisés à l'idée qu'ils soient les prochains. Nous affrontons seuls des défis terrifiants : la faim, et l'incapacité douloureuse de nourrir nos enfants.

À Gaza, il n'y a plus de distinction entre riches et pauvres : nous avons tous faim. Nous disons : « La faim n'a pas de pitié », et cette vérité seule suffirait à déclencher une guerre civile. Nous en venons à protéger nos familles même contre la douleur de notre propre peuple.

L'occupation nous prive délibérément de soins médicaux. Les attaques contre les hôpitaux ont rendu notre mort plus facile. Des salles bondées, sans matériel ni médicaments pour soigner les blessés, rapprochent chacun de nous de la mort.

Les massacres se répètent partout. Les cris, le sang, les scènes brutales de blessures – nous vivons avec cela depuis deux ans. Ce qui se passe aujourd'hui signifie soit que nous sommes devenus insensibles à la peur, soit que nos émotions se sont figées sous tout ce que nous avons enduré, nous laissant sans place pour une tragédie de plus.

Nous ne nous reconnaissons plus. Nous nous accrochons aux souvenirs heureux comme si nous étions enfermés dans une chambre close, loin du monde.

Ces souvenirs nous détournent de la réalité brutale – ils apportent de brefs instants de réconfort, apaisent notre existence douloureuse et nous poussent doucement à continuer de vivre un peu plus longtemps.

Je ne suis qu'une âme précieuse qui avait tout autrefois – ma famille et moi vivions dans la sécurité et la dignité. Mais les jours se sont retournés contre nous, nous dépouillant de tout, nous faisant oublier qui nous sommes. Pourtant, nous avons assez souffert. N'avons-nous pas déjà porté assez longtemps le fardeau de ce génocide ? N'avons-nous pas assez enduré ? N'est-il pas temps de mettre fin à ces massacres ?

Que le monde se lève contre cette injustice. Que vos voix s'élèvent – car nous ne pouvons plus supporter d'autres tragédies. Arrêtez ce génocide monstrueux, et ne laissez pas le monde s'habituer à ces scènes de massacre, comme si elles faisaient partie d'une routine quotidienne.

Dites-le plus fort. Dites-le crûment. Exagérez, s'il le faut – car le monde n'a pas même goûté à une fraction de notre vérité. Il n'a pas senti l'odeur des corps brûlés, il n'a pas entendu la lamentation d'une mère serrant son enfant mort. L'humanité dort. Alors criez-la, étirez-la, peignez-la de feu – jusqu'à ce que même les yeux fermés soient illuminés par la vérité.

Remplis de gris

Reem Alaa Khalel Al-Astal

Nous sommes suivis par des mots de soutien et de condoléances, enveloppés de phrases de résilience, comme si de simples lettres pouvaient empêcher notre destin inévitable de céder à une force traîtresse. Seuls ceux qui ont été attaqués dans les heures les plus noires de la nuit comprennent le vrai sens de la paix. Seuls ceux piégés dans une terre paralysée savent ce que signifie perdre l'espérance.

Ici, parce qu'ils sont d'ici, les vivants marchent comme les morts, des fantômes de souffrance errant dans des rues brisées. Aucun endroit n'est épargné par les cendres et les ruines. Aucune âme n'est sans un passé douloureux, un présent impuissant, un avenir trop incertain pour être imaginé.

Certes, la vie existe pour ceux qui vivent au-delà des murs, mais pas à Gaza, sous un ciel gris. Ici, nous faisons face à des choix impossibles : mourir chez soi ou mourir dehors. Survivre, ou faire semblant de survivre.

Même si tu échappes à la mort et à la destruction, tu ne pourras pas fuir la famine, le déplacement, l'humiliation et la honte.

Nos enfants ont perdu leur enfance. L'un demande à l'autre : « Où est notre maison ? »

La réponse est comme on s'y attend : « Là, dans ce tas de gravats. »

Ils sifflent lorsqu'ils entendent les avions au-dessus de leurs têtes. Ils tressaillent mais ne paniquent pas quand les explosions résonnent, parce qu'ils savent. Ils ne sont pas ignorants de la vérité.

Rien n'est plus déchirant que de les entendre parler du prix de la nourriture, de leurs rêves d'un repas qui calmerait leur faim. Pire encore, ils expriment leur souffrance avec des mots politiques, forcés d'apprendre le langage de l'injustice.

Tu peux rester dans ta maison, mais les visions te hantent : le plafond fissuré qui s'effondre, l'agonie d'un ami ou d'un proche déchiré par les balles ou les bombes, l'image d'un enfant mort de faim.

Qu'est-ce que cela fait de vivre sous les décombres ? Mourrai-je de peur dans le noir avant de sentir quoi que ce soit ? Me retrouveront-ils facilement ou serai-je laissée derrière, sans vie et oubliée ? Mon corps aura-t-il un nom ou deviendra-t-il un cadavre inconnu ? Reste-t-il quelque chose pour mettre fin à ce tourment incessant ?

C'est inimaginable. Et pourtant, même si tu y crois, cela ne te fera pas ressentir ce que nous ressentons.

Tu ne connaîtras pas ce frisson de peur au bruit d'un drone. Tu n'entendras pas les appels à l'aide sous les décombres. Tu ne perdras pas ta famille un à un. Tu ne te démèneras pas chaque jour pour nourrir tes enfants affamés. Tu ne seras pas déplacé de ta maison à une tente, du nord au sud. Tu n'attendras pas un miracle pour te sauver.

Tu ne comprendras pas ce que je vis.

Un million de cœurs brisés

Rasha Essa Mohammed Abo Shirbi

Il est douloureux à en pleurer de repenser aux jours que nous appelions autrefois ordinaires, ces jours calmes et joyeux emplis de rires, avant que l'occupation israélienne ne déclare la guerre à nos vies. Nous n'avions aucune idée de ce qui nous attendait.

Nous avons été projetés dans l'inconnu, déplacés sans avertissement. Ce que nous endurons aujourd'hui est insupportable.

Ma maison, ces murs qui avaient abrité notre enfance, l'endroit où nous avions passé des années à construire des souvenirs, où nous nous sentions en sécurité, au chaud, entiers, est désormais ensevelie sous les cendres. Disparue. Méconnaissable.

Je n'oublierai jamais le jour où nous sommes partis, le cœur brisé et les yeux pleins de larmes, croyant que nous reviendrions. Croyant que nous revivrions, dans la paix.

Mais même l'espoir nous a trahis, nous laissant supplier et implorer car la maison n'est plus une maison. Devenir réfugiés, jouets du destin, était déjà trop à supporter.

Quand tu vois ta maison chaleureuse, ton refuge sûr, réduite en poussière, tu comprends ce que signifie la véritable patience. Quand quelqu'un que tu aimes meurt, ton frère, ton cousin, ta grand-mère, tu comprends ce que cela coûte. Quand tu es déplacé dans un endroit qui ressemble à tout sauf à une maison, menant une vie creuse, sans substance, tu t'accroches à la patience comme si c'était la seule chose qui te reste.

Je n'oublierai jamais la peur qu'ils ont instillée en nous. Ce que j'ai ressenti quand ma maison a été prise pour cible. Le déplacement. L'impuissance. La faim. L'anéantissement. Nous avons été affamés pendant des mois, privés de soins médicaux, sans eau, laissés à survivre dans les ruines.

J'ai été séparée de ma mère, qui est à l'étranger. Mon cœur languit pour elle. Elle me manque plus que les mots ne peuvent le dire.

Certains jours nous mangeons. D'autres jours, nous avons du mal à rassembler un seul repas. Les conditions ici sont invivables. L'air est épais de maladies, les rues débordent de détritus. Cet endroit est étouffant. Et si tu tombes malade, il n'y a aucun soin approprié, parce que l'occupation a détruit tous nos hôpitaux.

Et pourtant, nous croyons.

Nous croyons en Allah, et cette foi nous garde debout. Même quand nous ne comprenons pas, nous faisons confiance à Sa miséricorde, plus grande que notre douleur. Nous croyons qu'Il ne nous abandonnera pas et qu'Il nous donnera plus que ce que nous demandons. Qu'avec la difficulté vient la facilité.

Parfois, je m'assieds seule et je me souviens des beaux jours, quand les rires emplissaient les couloirs de notre maison, quand la joie était ordinaire, quand les jours passaient doucement. Ces jours sont partis. Bombardés. Ensevelis. Réduits en gravats et en cendres, avec les souvenirs dans lesquels nous vivions autrefois.

Quand nous avons appris que notre maison avait disparu, c'était comme un couteau dans mon cœur. J'ai pleuré jusqu'à ne plus avoir de larmes.

J'aimerais pouvoir remonter le temps, vivre chaque instant comme si c'était le dernier. Nos vies ont été brisées d'une manière qui semble irréparable. Mais même dans toute cette douleur, nous avons tenu bon. Pas parce que nous sommes incassables, mais parce que nous avons la foi.

Nous croyons qu'Allah est plus proche de nous que notre propre battement de cœur. Et nous continuerons à nous accrocher fort à l'espoir. Parce que nous n'avons pas été créés pour céder, mais pour nous relever. Pour lutter. Pour nous éveiller, malgré les ténèbres qui nous entourent.

Privés de tout

Adiba Ghassan Khader

À Gaza notre souffrance se manifeste quotidiennement, douloureusement dans nos pertes et nos privations.

Nous vivons sous la menace constante de frappes aériennes et d'attaques soudaines qui ne distinguent ni enfant, ni femme, ni vieillard. Le déplacement constant et la dévastation. Les maisons réduites en gravats. Des quartiers entiers rasés. Des familles contraintes au déplacement, sans abri sûr pour s'y reposer.

Et par-dessus tout, le siège.

Un blocus étouffant a provoqué une pénurie sévère de nourriture, de médicaments, d'électricité et d'eau potable, et dure depuis des années sans aucun répit en vue.

L'avenir est flou. Les enfants sont privés d'éducation. Les jeunes n'ont ni travail, ni opportunités, et leurs rêves sont enterrés sous les cendres.

Les hôpitaux sont saturés, manquant désespérément de médicaments et de matériel médical. Des milliers ont été martyrisés, tandis que les équipes médicales travaillent sous une pression insoutenable.

Les écoles ont été bombardées ou transformées en refuges pour familles déplacées. Des milliers d'élèves sont coupés de leur éducation, tentant d'apprendre dans des conditions émotionnelles et physiques impossibles.

Les commerces sont fermés. Même le pain et l'eau potable sont difficiles à obtenir. Les gens attendent dans des files interminables pour du carburant ou de la nourriture, harcelés par le bruit constant des drones survolant leurs têtes.

Voyager pour se faire soigner, pour étudier ou simplement pour survivre est devenu un rêve lointain.

Notre souffrance à Gaza ne se résume pas à des statistiques. Ce sont des histoires vraies d'âmes qui tentent de tenir bon en dépit de tout.

À Gaza, nous ne vivons pas simplement la guerre militaire. Nous svivons la guerre dans chaque détail de la vie.

Le poids du silence

Samah Mustafa Yousef Bashir

Le silence à Gaza, ce n'est pas la paix.

C'est le silence des chaises vides autour de la table du petit déjeuner. Des téléphones auxquels personne ne répond. Des rues autrefois résonnantes de rires d'enfants - désormais timides sous leurs pas.

Je pensais autrefois que le silence était doux, comme l'aube ou comme la neige qui tombe.

Mais ici, il ressemble à une attente lourde, l'attente du prochain nom ajouté à la liste des morts.

Chaque matin, je passe devant l'école où j'ai étudié. Ses fenêtres sont brisées, sa porte pend comme un fil desserré. Pourtant, le drapeau flotte encore. Je me demande parfois – n'est-il pas fatigué lui aussi de rester debout dans le vent ?

J'ai vu un enfant écrire à la craie sur le mur. Je me suis approchée. Il avait écrit : « Mon père a promis de m'emmener à la mer. » Signé d'une seule lettre - peut-être son nom, ou peut-être juste son espoir.

Il existe une forme de chagrin qui ne pleure pas. Il s'immisce dans la façon dont ma mère tourne la cuillère alors qu'il n'y a rien à cuisiner, dans la manière dont mon frère enfile son uniforme scolaire chaque matin, même si l'école a cessé, dans la façon dont nous nous asseyons à table en essayant de ne pas compter les absents.

Et pourtant, dans ce silence, nous résistons. Pas avec des armes, mais par la présence. Par des récits. Par le courage d'écrire et de se souvenir.

J'écris parce que le silence ne doit pas gagner.

J'écris parce que si le monde nous oublie, je ne m'oublierai pas moi-même.

Et si mes mots atteignent ne serait-ce qu'un cœur au-delà de ce siège, alors j'aurai percé à travers le mur.

Nous n'avons peut-être pas grand-chose, mais nous avons la vérité, et le courage de la porter dans chaque phrase, chaque souffle, chaque jour que nous survivons.

Gaza sous les bombes

Hadeel Waleed Abu Tawela

Ce que nous vivons aujourd'hui à Gaza dépasse l'imagination de ceux qui sont à l'extérieur de ce génocide.
Malgré les efforts constants des réseaux sociaux pour partager notre réalité, l'image reste incomplète et nos voix n'atteignent pas le monde.

Tu ne peux pas passer une journée entière hors de chez toi – si tu le fais, tu sais que tu finiras par revenir, même si ce n'est que vers les gravats.

Les pierres de nos maisons témoignent encore de notre joie, de notre enfance, de nos souvenirs et du confort que nous avions autrefois.

Mais les tentes ne sont pas des foyers – elles sont inhabitables, brûlantes sous le soleil le jour, glaciales la nuit.

Nous sommes passés d'une grande maison à deux étages à une petite tente partagée par toute la famille. La tente est à la fois la chambre, le salon et la cuisine.

La nourriture est rare.

Même ceux qui pouvaient s'en acheter auparavant sont aujourd'hui impuissants face aux prix exorbitants.

Tu contemples des légumes que tu ne peux pas acheter et tu te surprends à souhaiter la mort pour échapper à la faim.

Nous survivons grâce à des conserves, la plupart périmées, qui provoquent des douleurs d'estomac, de l'épuisement et une fatigue constante. Il n'y a pas d'alternative.

L'eau potable est imbuvable.

L'eau pour se laver est pire.

Les égouts coulent dans les rues, répandant maladies et bactéries.

La santé des gens se détériore.

Et nous ne pouvons pas oublier les massacres. L'occupation israélienne continue de tuer civils et familles entières sans distinction - qu'il s'agisse d'enfants, de femmes ou de personnes âgées.

Ils larguent leurs missiles sur des tentes n'offrant aucune protection. Une tente ciblée devient une source d'éclats pour les tentes voisines, augmentant le nombre de martyrs et de blessés.

Les hôpitaux de Gaza sont hors service, écrasés par le manque de ressources, de médicaments et de matériel médical.

Les blessés attendent la mort. Leur état empire tandis que le monde regarde en silence.

Ici, le martyr est le seul à survivre à cet holocauste.

Il meurt, et n'a plus à se demander ce qui viendra ensuite.

Il ne craint plus les prochaines frappes.

Il n'attend plus la fin du siège.

Il est déjà au paradis.

2024

Nour Mohammed Abusultan

L'année a commencé par un ordre d'expulsion – un nouveau
   déplacement.
Nous avons quitté Nuseirat pour Rafah, notre septième étape sur le
   chemin de l'errance.

Une maison sans fenêtres nous a accueillis.
Nous avons été inondés par les premières gouttes de pluie,
   et un froid mordant s'est accroché à nos os.
Une petite pièce nous contenait tous - autrefois une maison entière
   nous semblait trop étroite.
Nous avons compris que la cohabitation n'était plus un choix,
   et que la patience était la seule voie possible.

Sur une terre aride que j'ai nommée « Al-Khadraa », *La Verte*, je
   recherche encore une graine d'espérance au milieu du désespoir.

Le four d'argile était notre compagnon, ravivant nos souvenirs et
   rassemblant ce qui restait de nous.
Il émanait de lui une chaleur familiale, même durant les nuits les
   plus rudes.
Au milieu des cendres, une fleur jaune a éclos – un petit soleil dans
   l'obscurité – me murmurant qu'ici encore, dans les lieux les plus
   durs, la vie pouvait pousser.

Les transports étaient bondés. Les prix brûlaient nos poches.
Pourtant, nous avons appris à sourire malgré la douleur et à vivre
   malgré l'épreuve.
La maladie nous épuisait. Les hôpitaux bafouaient nos droits les
   plus élémentaires. Mais nous tirions notre force de notre foi
   en la guérison et en notre endurance.

Et à travers tout cela, j'ai étudié.
J'ai serré mes livres contre moi, même lorsque les rêves semblaient
   suffoquer, car l'avenir n'attend pas.

Je regarde le miroir et j'ai peine à me reconnaître.
   Le visage fatigué, les yeux lourds de chagrin.
Et pourtant, j'avance.

Ma petite sœur grandit sous mes yeux, et avec elle grandit l'espoir
    d'un avenir meilleur.
Même avec l'inflation, nous célébrions les plus petites joies avec
    un gâteau, un rouleau à la cannelle, transformant le vide
    en souvenirs durables.

2024 s'est tenue entre la douleur et l'espoir, entre la perte et la
    résilience.
Elle m'a appris que quelle que soit la rudesse de la vie,
    il y a toujours une lueur.

Ma résilience était ma force. Mon espoir, mon arme.

Ma résilience était ma force.
Mon espoir, mon arme.

Et je crois encore que demain sera plus beau,
et que des fleurs peuvent éclore des cendres.

Aucun humanitaire à Gaza

Waad Hamdi Mahmood Allaham

Parlons un instant de la tragédie d'un petit lieu dans ce vaste monde
    – Gaza.
Une ville devenue l'épicentre du chagrin dans un monde silencieux.

Gaza porte des milliers d'histoires bouleversantes, et l'une d'elles
    me hante encore.

Un homme était parti chercher de la farine pour nourrir ses enfants
    affamés.
Il entra dans ce qu'ils appellent une « zone humanitaire »,
    mais qui en réalité était un piège mortel pour les Palestiniens.

Il se battit pour obtenir ce seul sac de farine, et puis les forces de
    l'occupation israélienne l'abattirent.
Il mourut sur le coup.
À ses côtés, le sac de farine s'imbiba de son sang.

Et ces récits amers continuent.
Ils surviennent chaque jour, sur la terre ensanglantée de Gaza.

Pas seulement des chiffres : l'histoire d'une âme réduite au silence

Hada Mohammed Homaid

À Gaza, on meurt de la manière la plus redoutée de tous : brutalement, sans avertissement, sans pouvoir donner sens au trépas.

Pas d'adieux. Pas de temps pour se préparer.

Et ensuite ? Pas de place dans les morgues. Pas de cercueils. Même plus de voitures pour transporter les corps.

Il y a deux ans, Gaza était un lieu de fierté inébranlable et de radieuse dignité. Elle était connue pour la générosité de son peuple, pour la beauté de sa terre, et pour sa mer au bleu pur, à l'horizon infini.

Mais aujourd'hui, Gaza est noyée dans les ombres de bombes aveugles, traquée par des serpents d'épaisse fumée noire, imprégnée de l'odeur du sang et hantée par les sons de la faim et de la peur.

Aujourd'hui, Gaza ressemble à des funérailles sans fin. Une inhumation différée pour des milliers d'âmes. Le monde s'est habitué au décompte quotidien des martyrs, des blessés, des déplacés. Mais derrière chaque chiffre, il y a une maison qui saigne, qui pleure, qui souffre – Une mère qui pleure son enfant, une épouse sans mari, des enfants sans parents pour les réconforter.

Ces martyrs ne sont pas des statistiques. Ils ne sont pas des chiffres dans un rapport quotidien.

Ce sont des partenaires, des familles, des amis bien-aimés. L'un d'eux était ma lumière. Mon second père. Il n'était pas un nombre, pas une note de bas de page. Il était notre âme.

Son nom était Al-Hassan. Il avait commencé sa vie avec une détermination farouche. À seulement 18 ans, il avait décroché un emploi stable tout en poursuivant ses études. Il avait obtenu son diplôme de lieutenant. À 21 ans, il s'était marié et avait réussi à concilier travail, études et vie de famille. Son ascension avait continué : il était devenu major, avait décroché une licence en droit et sciences policières, puis un master en droit.

Il était profondément attaché à sa famille, visitant ses parents chaque jour, prenant soin de ses frères et sœurs, donnant tout son cœur à sa femme et à ses enfants. Il avançait vite et avec sagesse, une urgence tranquille que personne ne comprenait jusqu'à ce qu'il soit martyrisé.

Al-Hassan a voulu vivre autrement qu'en spectateur passif. Et il y est parvenu.

Beaucoup d'autres, comme mon frère, avaient des rêves, des familles, des avenirs. Mais le destin en a décidé autrement.

On dit que le mal est parfois pris pour le bien, et le bien pour le mal. Mais je ne vois toujours pas la justice dans cette peur, ni l'équité dans la souffrance que nous subissons.

Une vérité demeure : la vie est courte. Cette flamme fragile s'éteindra.

Et quand viendra le Jour du Jugement, chaque tyran devra rendre des comptes pour chaque goutte de sang innocent qu'il a versée.

Elle

Reem Alaa Khalel Al-Astal

Elle aurait voulu que le bonheur trouve une place dans sa vie.
Elle se demande si c'est sa faute, simplement d'être qui elle est.
Elle n'était pas dangereuse, pas importante, pas même liée à quoi que
    ce soit de nuisible. Juste… moins qu'ordinaire.
Et pourtant, ils l'ont vue comme une menace, une terroriste, un animal
    sans valeur à effacer.

Est-ce seulement de la malchance ?
Ou la vie elle-même est-elle trop brisée pour valoir la peine d'être
    vécue ?
Elle marche sans direction, sans savoir ce qui l'attend. La volonté
    abandonnée, les bras levés, la tête basse, fixant le vide. Elle ne peut
    pas s'accepter ainsi soumise, si impuissante, mais ce n'est pas le
    moment de jouer les héroïnes. Elle ne peut sauver personne, pas
    même elle-même.
La soumission est la seule option. Mais quelle est cette vie, vivre
    comme une marionnette, dansant sur un air qu'elle méprise ?

Elle espérait que la lumière du soleil guérirait ses blessures, mais elle ne savait pas que les pires d'entre elles sont cachées plus profond que la peau. Les blessures sont enfouies dans son âme.

Elle se dit qu'un souffle d'air frais arrangera peut-être les choses. Mais comment, quand l'air est épais de sang et de poudre ?

Ça ne les dérangera pas qu'elle s'arrête pour boire une gorgée d'eau, n'est-ce pas ? Juste de l'eau…

Elle avait une belle vie.
Maintenant, il n'en reste rien.

Elle vivait dans la lumière, pleine d'ambition.
Maintenant… elle sait qu'on l'a condamnée à mort.

Elle se répète :
« Reste en vie jusqu'à franchir la ligne. »
« Ne te retourne pas. »
« Ne fais aucun bruit. »
« Évite cette jambe… ce bras. »
« Quel beau jouet, sans propriétaire. »
« Une rangée de voitures détruites. »
« Est-ce le corps d'un homme ou d'une femme ? »
« Ce n'est plus un corps – mais un tas d'os brûlés. »

Elle prie pour que cela finisse de la manière la moins douloureuse possible.

Elle ne se soucie plus de ses yeux humides, de ses mains tremblantes, de l'engourdissement qui gagne ses membres.
Elle a tout laissé derrière elle.

C'est maintenant qu'elle comprend enfin ce que signifie le mot « déplacement ». Sans maison, sans abri, privée non seulement de nourriture, mais du souvenir même de ce qu'elle était, de tout ce qu'elle a perdu. Elle n'a plus que les cicatrices de ses souvenirs.

Comme elle avait été naïve de croire qu'elle pourrait rentrer chez elle.

Elle y a tout laissé, même des morceaux d'elle-même.

Comment prouver maintenant son identité ?

Comment affronter l'humiliation ? Elle ne fait que fuir d'un mal vers un pire. Elle le sait désormais : la paix ne lui a jamais été promise.

Et pourtant… elle veut encore essayer.

Elle avait quitté sa maison pour ce qu'elle croyait être un jour,
peut-être deux. Elle ignorait que cela deviendrait deux ans.

Tout ce qu'elle avait jamais demandé, c'était de vivre.
Mais la vie lui a tourné le dos.

Nos ambitions brisées et nos rêves déchirés

Hanan Yousef Naem Al Shennawi

Depuis le cœur de Gaza, je vis la destruction, la faim, la peur,
l'effondrement des bases mêmes de la vie – pas d'eau potable,
pas de vêtements, pas de nourriture, aucune possibilité d'étudier.

J'ai passé des nuits entières à travailler, à réviser, à lutter pour obtenir
une place à l'université. Et grâce à Dieu, j'y suis parvenue, à force
d'efforts et d'épuisement.
Mais au moment où j'allais enfin courir après mes rêves, la guerre est
venue les déchirer sous mes yeux.
Mon bonheur, ma détermination, mon ambition – tout a disparu.
Maintenant, je me sens comme un oiseau sans ailes.
Je rêve de voler, mais je ne peux pas. Des chaînes que je n'ai pas
choisies me retiennent au sol.

Nous sommes privés de tout. Je vis dans une petite tente avec ma famille.
La vie privée me manque, le confort me manque – même un instant de
paix me fait défaut.

Le téléphone que j'utilise pour mes cours en ligne n'est pas le mien.
Je le partage avec plusieurs membres de la famille, ce qui rend
mes études encore plus compliquées.
Je marche loin de la tente pour trouver un peu de connexion internet et
je veille toute la nuit, alors que le monde dort, avec un corps faible,
affamé et drainé. Nous manquons de vitamines et de la nourriture
la plus élémentaire.

Payer les frais universitaires devient un rêve en soi. Mon père peine
à nous nourrir, alors comment pourrait-il financer mes études ?
Cela met tragiquement mon éducation en suspens.

Nous vivons sans sécurité ni stabilité.

Les bombes, la peur et les déplacements forcés nous harcèlent
     chaque jour.

Nous manquons de tout. Mais malgré cela, nous essayons. Nous luttons.
Et nous prions pour que Dieu nous rende nos rêves.
J'espère encore… que les rêves peuvent se réaliser.
Nous n'allons pas bien. Nous faisons seulement *semblant* d'aller bien.

Louange à Dieu – pour la force, et pour la volonté de résister.

L'âge des roses et des expériences

Doaa Qunno

Dans ce qui se nomme « *la fleur de la jeunesse* » – le début de
la vingtaine, l'âge de l'éclosion et du devenir – j'ai souhaité me
dissoudre, disparaître. Ou peut-être pas me dissoudre, mais être effacée
– ensemble avec ma douleur.

Que mon corps reste, peut-être qu'il trouverait encore une utilité.
Peut-être pourraient-ils brûler mes vêtements pour allumer un feu –
     un feu sans fumée pour cuisiner un repas sans plats.
Ou peut-être que mon corps pourrait devenir un repas nourrissant pour
     l'un des animaux affamés de mon pays – ces créatures que nous
     avons privées de nourriture pour dévorer la leur, ou que nous avons
     abattues pour les manger.

Peut-être qu'en mon absence, quelqu'un mangera mieux.
Peut-être qu'avec ma mort, la ration de quelqu'un d'autre augmentera.

Peut-être que quelqu'un regardera mes membres éparpillés et maudira
     encore l'occupation.
Peut-être que je serai acceptée comme martyre – un nom de plus dans
     le décompte qu'on ne peut plus ignorer.
Peut-être alors que les chiffres gonfleront à tel point que le monde ne
     pourra plus détourner les yeux.

Peut-être alors que la Cour internationale de Justice, le Conseil de
     sécurité de l'ONU et tous les soi-disant artisans de la paix feront
     enfin le travail pour lequel ils existent.

Peut-être que quelqu'un, quelque part, abandonnera son indifférence.

Peut-être que je serai la dernière martyre – et que l'occupation sera
enfin rassasiée après s'être gavée de sang.
Peut-être alors que la machine de mort s'arrêtera.

Mais comment s'arrêterait-elle tant que le carburant « bénévole »
que sont les Arabes n'est pas épuisé ?

Le chemin de survie

Ola Abdullah Suleiman Sheikh Al-Eid

La farine est presque finie. Les conserves aussi.
Nous survivons avec un seul repas par jour.
Nous portons de l'eau depuis des kilomètres et marchons encore plus
loin pour accomplir nos tâches quotidiennes, devenues plus lourdes
que ce que nos corps peuvent porter.

La vie est exténuante, constamment au point de la rupture.
Les prix flambent.
L'argent liquide est presque inexistant.

– « Il y a un centre qui distribue de la farine. On dit que c'est moins cher
par là-bas. Allons à travers les tentes et les ruelles et demandons –
peut-être qu'on trouvera des conserves à un meilleur prix. »
– « On marchera des heures sans manger… en vérité, quel est
notre crime ? »

En chemin, nous nous arrêtons à un étal de boîtes rouillées.
– « Combien pour les petits pois et les haricots ? »
– « 13 shekels, s'il vous plaît. »
– « Nous sommes une grande famille. Une seule boîte ne suffit pas.
On peut à peine s'offrir quoi que ce soit… la banque déduit 45 %
de chaque retrait, et l'argent liquide est rare ! »
– « Continuons à marcher. Peut-être qu'on trouvera moins cher. »

Une demi-heure plus tard, toujours rien.
Puis nous l'entendons, comme un cri de fête :

– « La distribution d'aide a commencé ! Premiers arrivés, premiers
servis ! »

– « Vraiment ? Regarde ! Cet enfant porte un carton de nourriture ! »

– « Hé, petit ! Où l'as-tu eu ? »

– « L'aide est là-bas, à une heure de marche, peut-être plus. Aucun véhicule n'est autorisé. Il faut suivre un chemin balisé. Si tu dévies, ils tirent. »

– « Faut-il une carte d'identité ? »

– « Non, mais ils scannent ton empreinte. »

– « Alors… ma femme, mes enfants et moi, chacun peut avoir un carton ? »

– « Oui, tant que vous êtes des civils. »

– « Nous le sommes. Des civils pacifiques. Allons-y – peut-être que c'est notre chance ! La famine va cesser. Les prix vont baisser, non ? »

– « Des millions marchent comme nous. La famine a tout avalé – médecins, savants, journalistes. »

– « Même les étals des marchés sont vides, et ce qui reste est inabordable. »

Une heure et demie de marche.

La route est bondée de gens désespérés, espérant un carton pour nourrir leur famille. Au-dessus de nous, les avions de guerre rugissent dans le ciel.

Au point de contrôle, des soldats sont postés – fusils levés, lunettes miroirs, scrutant chacun.

– « Nous y sommes. Suivez les règles. La police surveille. Des drones sont là-haut. La moindre erreur et tout est perdu. »

– « Voici le chemin des femmes, là celui des hommes. Allons-y. »

– « C'est le premier jour. Moins de femmes sont venues – peut-être que nous passerons vite. Mais comment porter un carton si lourd dans cet état ? La faim rend l'impossible faisable. Je pourrais soulever un camion s'il contenait de la nourriture. »

– « Regarde le nombre d'hommes ! Auront-ils tous de l'aide ? »

– « Beaucoup de femmes ne sont pas venues. Elles gardaient leurs enfants ou ignoraient les règles. »

Un garde essaie de nous rassurer :

– « Ne vous inquiétez pas. À l'intérieur, il y a des camions – assez pour plus de deux millions de Palestiniens. »

– « Mon mari et mes frères n'ont pas pu venir. Ils ont raté leur chance. »

– « Cet endroit est organisé. »

– « Regarde ! Des gens sortent avec des cartons – hommes, femmes, enfants. »

Soudain, la confusion éclate. Les soldats sont de plus en plus tendus.

– « Il y a du désordre. La file des hommes est pleine – ils essaient de rentrer par la file de sortie ! »

– « Ils meurent de faim. Ils ne peuvent pas attendre ! »

– « Non, ils ont compris la vérité. Il ne reste que 500 cartons à l'intérieur. »

– « Et maintenant ? »

– « Faut-il tuer ceux qui troublent l'ordre ? »

– « N'oublions pas que les médias regardent. Si nous ouvrons le feu, notre image sera ternie ! »

– « La faim est brutale. Le peuple s'est retourné contre nous. Nous devons battre en retraite ! »

– « Couvrez-nous avec les drones. Tirez en l'air ! »

– « Repliez-vous ! Ces gens sont sauvages, désespérés ! »

– « Ils ont détruit les appareils de scan. Il n'y a plus de files ! »

– « Voilà la conséquence de mots qui contredisent la réalité ! »

– « Pourquoi n'avez-vous pas prévu d'aide pour des dizaines de milliers ? Ces gens n'ont pas mangé depuis des jours ! »

– « Comment laisser un groupe recevoir de l'aide, tandis qu'un autre marche plus d'une heure pour entendre : "C'est fini, revenez demain" ? »

– « Évidemment qu'ils seront exposés devant les médias… Quel coup inacceptable pour leur orgueil ! Pour eux, c'est une catastrophe. Une simple étincelle a révélé un échec logistique massif. »

– « Ce qui s'est passé est catastrophique. Une simple étincelle a révélé un échec massif. »

– « Les médias ne savent pas qu'il ne restait que 500 cartons… Tournons la situation à notre avantage. »

– « Disons que le peuple a détruit sa propre source d'aide. Personne ne posera de questions. »

– « Disons qu'ils étaient cupides. »

– « Personne ne surveille de près, dites ce que vous voulez. »

– « Aux yeux des médias, nous sommes innocents. La vérité restera enterrée. Dites-leur que nous avons été attaqués malgré notre générosité. »

– « Oui. Nous sommes innocents. Eux sont coupables. »
– « Ce sont des rebelles… des terroristes. Sans les drones qui nous
    couvraient, nous aurions été en danger. »

Mais en vérité…
La foule est repartie vers ses tentes, les mains vides, le cœur lourd.

Ils rêvaient seulement d'un carton… pour nourrir leur famille pour
    deux jours, pour apaiser les pleurs de leurs enfants, pour survivre
    un peu plus longtemps.

Mais ce rêve a été écrasé – sous les roues de l'indifférence, le poids
    du mépris, et les avions qui emplissaient le ciel, non pour livrer
    du pain – mais pour étouffer l'espérance.

En un instant… Mon père, mon rêve, ma Gaza ont disparu

Abdullah Zaher Al-Holy

Depuis l'enfance, je regardais mon père avec fierté.
Il était policier – il marchait avec assurance, portant son uniforme
    avec grâce et dignité.
Je rêvais d'être comme lui.
Je disais à tout le monde : « *Quand je serai grand, je serai comme
    mon père.* »

Ce rêve grandissait avec moi.
Chaque instant passé à ses côtés l'alimentait.
Je m'imaginais debout à côté de lui au poste, portant le même insigne,
    servant les gens avec le même courage et le même honneur.

Mais à Gaza, les rêves sont fragiles. Rien n'est garanti.
En un instant, tout a changé.
Les bombes ont ébranlé notre maison, et la peur a remplacé la chaleur
    dans nos cœurs.
Je n'aurais jamais imaginé qu'un jour, notre foyer ne serait plus
    qu'un souvenir.

À 8h30 du matin, le 19 mai 2024, des avions de guerre israéliens ont envoyé des drones contre mon père sans avertissement. C'était la troisième tentative d'assassinat contre lui.

Je dormais à l'étage lorsque mon téléphone s'est mis à sonner sans arrêt. Amis et proches m'appelaient, leurs voix tendues.

Un ami m'a demandé de venir rapidement. Sa voix tremblait.

Je suis parti en courant vers sa maison, le cœur lourd.

Il a pris ma main fermement, sans rien expliquer. J'insistais pour savoir, mais il restait silencieux.

En arrivant dans la rue voisine, j'ai vu les décombres, la fumée.

J'ai su immédiatement : cette frappe visait mon père.

J'ai vu le corps de son garde – déchiré en deux. C'est à ce moment que tout s'est brisé.

Mon père était là aussi. Les secours ont commencé.

Peu à peu, l'horrible vérité s'est révélée : mon père, directeur central des renseignements de la province, avait été martyrisé.

Mes frères et moi avons couru à l'hôpital Al-Aqsa. J'avais l'impression que mon âme quittait mon corps.

Le monde s'est assombri. J'avais perdu l'ancre que Dieu m'avait donnée. Je priais pour que ce ne soit pas vrai.

Mais la réalité était encore plus cruelle : j'ai perdu mes cousins, toute la famille de ma tante, et notre maison – en quelques jours seulement. Avec eux, j'ai perdu des morceaux de mon âme.

Je me suis retrouvé seul dans un lieu où nous riions autrefois ensemble. Mon rêve clair était désormais enterré dans le sang et la poussière.

Aujourd'hui, je ne rêve plus de devenir policier.

Mais je rêve encore.

Je hausse la voix, je raconte notre histoire pour témoigner de la tragédie de Gaza.

En un instant, l'avenir d'une famille entière s'est éteint.

Quelques instants auparavant, ils étaient réunis – riant, vivant, espérant. Puis la frappe est tombée… et plus rien n'était pareil.

Telle est la réalité cruelle de Gaza.

Mais nous trouvons un réconfort dans la conviction que ce monde est éphémère, et que notre véritable réunion nous attend au Paradis, parmi les prophètes, les martyrs, les justes. Quelle rencontre bénie ce sera.

Un an et demi après le début de ce génocide, l'ombre de la guerre plane encore, s'infiltrant dans chaque foyer, chaque pensée d'enfant, chaque souffle de vieillard.

La mort ne vient plus seulement des bombardements.
Elle vient de la faim.
Des maladies. Du froid.
De l'effondrement lent et atroce de la vie quotidienne.
La malnutrition emporte des vies.
Les maladies se propagent alors que les médicaments disparaissent et que les hôpitaux s'effondrent – tandis que le monde regarde en silence, offrant seulement des déclarations creuses que nous avons trop entendues. Des mots imbibés de négligence.

Nous n'avons ni abri, ni nourriture, ni médicaments. La farine est devenue un rêve. L'eau potable, un trésor rare.
Un simple morceau de pain ressemble à une bénédiction d'un autre monde.

Nos enfants s'endorment au son de leur ventre vide.
Des mères prient pour mourir – non pour elles-mêmes, mais pour ne plus avoir à voir leurs enfants souffrir.
À Gaza, la faim n'est pas une douleur passagère. C'est une réalité permanente.

Elle ronge les corps de nos enfants.
Elle étouffe les plus forts.
Elle nous brise en silence.
Parce que le monde a choisi de ne pas voir.

Et pourtant, nous résistons.

Nous résistons avec dignité.
Même dans la faim,
Nous résistons.

12 kg

Hada Mohammed Homaid

Deux ans de guerre ininterrompue. Deux ans que j'ai perdu la passion et la volonté d'écrire. Mais récemment, en voyant les corps des martyrs déchiquetés, j'ai pensé : je pourrais moi aussi être déchiquetée, et peut-être que personne ne rassemblera ce qui reste de moi.

Alors j'ai décidé, au moins, de rassembler mes pensées – de coucher mes sentiments sur le papier. Peut-être que les mots survivront. Peut-être que moi pas.

Cela n'a pas demandé de longue réflexion. À Gaza, nous vivons une réalité qui crie sans avoir besoin d'être expliquée. Une chose domine : la faim. La faim est le souverain, le tyran. Elle est gravée sur le visage de chaque passant.

Nous traversons l'époque la plus sombre de l'histoire de Gaza, une époque où des nourrissons – qui ne devraient jamais connaître la faim – meurent de malnutrition. Ils ne savent pas ce qui leur arrive mais ils le ressentent – profondément, instinctivement, douloureusement.

Gaza s'éteint, lentement, pas à pas, à travers toutes les formes imaginables de souffrance, sous les yeux d'un monde devenu aveugle et sourd.

Parlons, juste un instant, de la manière dont Gaza disparaît.
Premièrement : les bombes indiscriminées.
Deuxièmement : le nombre effarant de victimes civiles.
Troisièmement : la faim, la famine, la privation.

Ces trois mots suffisent-ils à transmettre le poids de ce que nous vivons ? Probablement pas. Alors laissez-moi vous l'expliquer.

À l'école, on nous apprenait le concept de la pyramide alimentaire, l'idée que chaque être humain a besoin d'une variété d'aliments en proportions équilibrées. Mais à Gaza, les gens ne demandent plus de variété. Aujourd'hui, tout Gaza ne cherche plus qu'un morceau de pain. Les vitamines et les protéines sont des rêves oubliés. Nous ne mangeons plus pour nous rassasier – nous mangeons pour survivre.

Et même ce morceau de pain est souvent trempé de sang.

Nos vies sont échangées contre des sacs de farine – juste assez pour nourrir des enfants affamés, dont les petits corps sont devenus dangereusement maigres, incroyablement légers.

Et les nourrissons ?

Disons-le clairement : leurs mères ne peuvent pas les allaiter – elles sont elles-mêmes affamées. Mais rassurez-vous : ils tètent des lentilles.

Le lait infantile, devenu soudain une menace à la « sécurité nationale », est interdit d'entrée à Gaza. Le siège n'épargne personne – ni les bébés, ni les enfants, ni les personnes âgées. Pas même les animaux.

Je déteste sortir.

Il est insupportable de voir un enfant dont les os semblent prêts à transpercer la peau –directement la peau, car il n'y a plus de chair sous leur peau.

Et je déteste le désespoir que je ressens en les regardant.

Mais ma pitié n'est pas pour nous, les affamés, elle est pour chaque personne dite « libre » dans ce monde, qui prétend avoir une dignité et une conscience, et qui reste pourtant insensible à la faim à Gaza.

Qu'attendez-vous ?

Il n'y a rien de pire qui puisse arriver. Nous avons déjà touché le fond.

Et pourtant, nos cœurs, nos esprits et notre fierté volent encore.

Gaza est libre. Gaza est grande.

Notre volonté demeure, que les oppresseurs l'acceptent ou non.

Douleur silencieuse

Yasmeen O

Derrière chaque silence, il y a une histoire – et derrière chaque histoire, une douleur écrite à l'encre du sang.

Tout silence n'est pas apaisant ; parfois, la douleur s'installe doucement, s'infiltrant dans l'âme sans faire de bruit, mais y semant un chaos invisible.

Ici, je ne hausserai pas la voix… j'écrirai simplement, à voix basse, comme le battement d'un cœur en souffrance.

Quand la douleur vit silencieusement en toi, ce n'est pas une simple gêne passagère. C'est un chagrin qui s'installe au plus profond de l'être, étouffant l'esprit sans faire de bruit, s'accumulant en silence.

C'est une douleur qui ne peut être racontée, parce que les mots échouent parfois à la saisir.

Peut-être est-ce la faim, la perte, ou l'absence d'une patrie…

mais au bout du compte, c'est une tristesse jamais proclamée – portée entre les côtes et habitant les yeux éteints.

Dans chaque guerre, certains meurent de corps, d'autres meurent dans leur esprit chaque jour … en silence.

Ce texte est ton cri, celui que tu n'as pas trouvé quand tu cherchais ta voix. C'est ta larme retenue alors que tu avais besoin de pleurer.

La douleur silencieuse…

Une douleur qu'aucun mot ne peut soulager, qu'aucune consolation n'apaise.

C'est le sentiment de trahison par un monde sourd, un monde qui voit la douleur et détourne les yeux.

Dans chaque coin de l'âme : un souvenir douloureux, un moment d'adieu, ou la faim figée dans les yeux d'un enfant.

C'est une douleur qui passe chaque jour comme un titre d'actualité, puis s'oublie. Mais elle reste vivante dans les cœurs de ceux qui l'ont vécue – battant en silence, racontant une histoire qui ne sera jamais diffusée, mais qui est gravée pour toujours dans la mémoire.

Elle est là, derrière les regards, derrière les sourires forcés, derrière les longs silences inexpliqués.

Dans la guerre, les pertes ne se limitent pas aux bombes et aux ruines ; elles s'infiltrent dans l'âme.

Certains ont perdu leur maison, d'autres leur famille, et certains se sont perdus eux-mêmes, tout en continuant à respirer.

La guerre ne crie pas toujours ; parfois elle marche en silence – mais elle laisse derrière elle des cœurs brisés et des âmes en proie à une souffrance silencieuse.

La faim, la peur, l'attente… ce sont des guerres intérieures, qui s'intensifient dans un silence douloureux, sans mots.

En temps de guerre, le silence devient la langue des survivants, et les larmes un luxe que les affamés ne peuvent se permettre.

Aucune voix ne s'élève au-dessus du bruit de l'oppression.

Aucune ombre ne comble l'absence qui dévore les âmes.

C'est une douleur qu'on ne peut écrire, mais qui vit au plus profond de l'esprit.

Une douleur qui ne fait pas de bruit, mais qui déchire.

C'est cette douleur silencieuse… insupportable et indicible.

Des voix de Gaza : faim et dignité

Hadeel Waleed Abu Tawela

Il y a une douleur profonde, une souffrance étouffante, quand on voit le monde continuer comme si de rien n'était, comme si nous n'existions pas, comme si Gaza ne saignait pas.
Ailleurs, les gens dînent au restaurant, se promènent dans les parcs, planifient des vacances, poursuivent leurs rêves, rient librement et dorment sans peur.

Ici, nous sommes piégés sous un ciel lourd de fumée, entourés de bâtiments effondrés et baignés du sang de nos proches.

Tout ce que nous voyons, ce sont des décombres.

Tout ce que nous entendons, ce sont des cris.

Tout ce que nous sentons, c'est la mort.

À Gaza, la faim n'est pas seulement un manque de nourriture,
    c'est une arme.

Nous ne mourons pas de faim parce que nous sommes pauvres.

Nous ne le sommes pas.

Nous sommes un peuple digne, fier, avec une volonté féroce de vivre.

Nous avons de l'argent, mais il n'y a rien à acheter.

Les marchés sont vides. Les rayons sont nus. Pas de légumes, pas de
    légumineuses, pas même les graines les plus simples.

Cette faim est fabriquée, imposée par une force occupante qui contrôle
    l'air même que nous respirons.

Ici, les gens ne se contentent pas de souffrir de la faim, ils doivent
    choisir entre l'humiliation et la survie.

Beaucoup courent derrière les camions d'aide, espérant ramener un sac
    de farine – en sachant qu'ils pourraient ne jamais revenir.

Ces files ne sont pas une porte vers la vie, mais un pari avec la mort.

Certains reviennent portant du pain.

D'autres reviennent portés dans des linceuls blancs.

Et malgré tout, nous ne sommes pas seulement affamés.

Nous sommes blessés.

La véritable faim n'est pas dans nos ventres, mais dans nos cœurs.

La faim de justice. La faim de liberté.

La faim d'une vie comme celle de n'importe quel autre peuple
    sur cette terre.

Ce qui nous tue, ce n'est pas le vide de nos assiettes.

C'est le vide de la conscience du monde.

Comment le monde peut-il voir tout cela, et continuer
    comme si rien ne s'était passé ?

Nous saignons.

Nous avons faim.

Nos voix sont étouffées.

Mais notre dignité est inébranlable.

Oui, nous sommes fatigués –
mais nous ne sommes pas brisés.
Oui, nous sommes oubliés –
mais nous ne sommes pas vaincus.

Nous ne sommes pas des mendiants.
Nous sommes debout.
Et nous continuerons à respirer la dignité jusqu'à notre dernier souffle,
    jusqu'à notre dernier instant.

Sous l'aube finale

Marah Alaa El-Hatoum

Elle se tient seule, attendant un premier rayon de soleil, le début d'un nouveau jour. Elle lève les yeux vers le ciel, perdue dans ses pensées, chuchotant sa peine à Dieu avec une larme oscillant entre espoir et honte, essuyée doucement par la lueur d'une aube lointaine.

Elle soupire, respire un air chargé de poudre, et offre au ciel un
    sourire fragile de gratitude… puis s'allonge pour se reposer.
Le matin, elle se sent en sécurité.
Mais la nuit…
La nuit l'effraie, l'étrangle, lui fait craindre de fermer les yeux.

Tout le monde dort, ou se rendort après la prière, dans une immobilité
    qui n'apporte aucune paix.
Elle s'assoit sur le bord de deux tapis bruns délavés, tassée dans
    un espace à peine assez large pour son corps épuisé. Elle ne veut
    pas réveiller ses enfants – ces âmes trempées de chagrin.
Elle appuie sa tête contre le mur, espérant une sieste sans rêves.
Elle les regarde tous, avec une peur muette : et si c'était la
    dernière fois ?
Elle ferme les yeux… pour échapper à cette pensée.

Son téléphone sonne soudain, après un long silence solennel qui n'attendait que cette nouvelle pour se briser.

« Ton père est mort… il est mort au loin, appelant ton nom, rêvant de revenir. »

La nouvelle ne vient pas seule : elle est accompagnée par les affres du ciel et de la terre, qui annoncent encore une frappe meurtrière dont personne ne s'avoue responsable.

La terre la coince. L'ennemi l'encercle. La mort est tapie à sa porte.

La voix de l'exil saigne à travers le combiné, comme si la nouvelle avait, de loin, éclaboussé son visage de sang.

La voix de l'exil saignait à travers le combiné, comme si la nouvelle avait éclaboussé son visage de sang, depuis loin.

Pas d'échappatoire.

Pas de force. Pas d'espoir.

Seulement ce silence… face à l'occupant, sans arme, sans nourriture – rien qu'un cœur vacillant.

Puis le ciel hurle.

Il frappe la terre, ouvre les tombes, fait jaillir les échos des morts.

Les soldats arrivent.

Ils secouent ses enfants endormis pour la dernière fois.

Ils les jettent au sol – encore. Le sang peint les couvertures en rouge.

Elle crie – en silence.

Son plus jeune fils s'accroche à la vie, gémissant, les yeux grands ouverts de douleur. Il la regarde et lui murmure du regard :

« Mama… ça fait mal. »

Puis il soupire… sourit… et meurt.

L'ennemi regarde – moqueur.

Un soldat lève un pistolet contre sa tempe.

Elle se tourne légèrement, essayant d'éviter la balle – et aperçoit du coin de l'œil un homme qui se cache. Elle l'appelle à l'aide d'une voix brisée. Les soldats se retournent et le poursuivent.

Ils la laissent.

Mais en se retournant, elle voit un autre homme approcher. Celui-là tient une hache. La douleur ne vient jamais seule. Il frappe. Elle ouvre la bouche pour crier – mais aucun son n'en sort.

Elle se réveille en sursaut.

Son fils est à côté d'elle, l'appelant doucement pour la prière de l'aube.

Elle respire de soulagement.
Elle prie – cette fois non par habitude, mais avec un cœur en larmes :
« Ô Allah, laisse ce moment durer toujours. Laisse cette paix rester. »

Son mari se déplace dans l'obscurité, cherchant une lampe de poche.
Elle regarde par la fenêtre : un splendide lever de soleil perce
    les ténèbres.
Mais alors – un missile.
Venant de loin. Venant vers eux.

Elle ouvre la bouche pour crier, supplier le destin de se retarder…
    Mais aucun son n'en sort. Personne ne répond.
Et quand le missile tombe, elle tombe aussi – sous la lumière
    de sa dernière aube.

Osama… une voix qui s'est éteinte avant d'avoir parlé

Rasha Ismail Musabeh

A l'âge de deux ans, son histoire avec l'autisme commença.
Il avait peur du noir.
Chaque fois que l'électricité s'éteignait et que le silence tombait sur la
    maison, il criait, cherchant la sécurité, les bras de son père.

Un soir, la lumière s'éteignit brusquement.
Il cria, la voix tremblante : « *Papa… Papa !* »
Ce furent les derniers mots que nous l'entendîmes prononcer.
Après cela, les cris cessèrent.
Et avec eux, la voix d'Osama s'éteignit pour toujours.

Aujourd'hui, il a 17 ans.
Sa vie est encore une lutte quotidienne.
Mais la guerre l'a transformé d'un enfant qui jouait autrefois sous le
    soleil en un visage pâle caché sous une tente trempée de douleur.

Il a été déplacé.
Il a tout perdu : son jardin, sa chambre, son indépendance.
Il ne va plus seul aux toilettes.
Désormais il porte des couches, forcé de revenir à une enfance
    qu'il n'a pas choisie.

Il pleure tous les jours.

Il dort affamé.

Parfois, il ne mange rien de la journée.

La famine ne distingue personne – enfant ou adulte.

Et Osama n'est qu'une vie parmi des milliers, oubliées sous la toile
    des tentes et la poussière.

Les sons des drones et des missiles le hantent.

A chaque explosion, il court, terrorisé, enfouir sa tête sous une
    couverture – comme si ce bout de tissu pouvait le protéger
    de la mort.

Et quand je regarde ses yeux bleus, j'y lis les questions
    qu'il ne peut poser :

Où est ma maison ?

Où est le jardin aux mille fleurs, résonnant du gazouillis des oiseaux ?

Où est ma chambre avec ses jouets ?

Pourquoi avons-nous tout abandonné ?

Qu'ai-je fait de mal ?

Une fille qui ne renonce pas

Sara Aljayyar

Me voici : une jeune fille ambitieuse qui aime la science, la
photographie, la lecture et l'écriture. J'ai 22 ans, avec de grands rêves
et de grands espoirs. J'essaie toujours de devenir la meilleure version
de moi-même. Je suis une histoire de réussite en marche, et je suis fière
de chaque étape que j'ai franchie.

Je venais de terminer ma troisième année d'université, en commerce
anglais, dans un programme de quatre ans. J'étais enthousiaste à l'idée
de commencer ma dernière année – l'année de la remise de diplômes,
la joie dont rêve tout étudiant. Mais la guerre est arrivée.

Elle a volé cette joie – la joie d'obtenir un diplôme, peut-être la plus
belle de toutes.

Pourtant, je n'ai pas abandonné.

J'ai terminé ma quatrième année sous les bombardements, à travers les déplacements et les coupures de courant quotidiennes, et j'ai obtenu les meilleures notes malgré tout. Chaque fois que nous étions forcés de fuir, j'emportais mes stylos et mes cahiers. J'étudiais où je le pouvais.

Je suis fière : j'ai terminé ma dernière année dans les circonstances les plus difficiles.

Oui, je suis triste parfois. J'aurais aimé célébrer ma remise de diplômes comme n'importe quel autre étudiant, porter la toge, recevoir mon diplôme sous les applaudissements. Mais je me rappelle le verset : *« Il se peut que vous détestiez une chose alors qu'elle est un bien pour vous. »*

Louange à Dieu, toujours.

J'ai encore beaucoup de rêves. Je veux les réaliser.
Mais j'ai besoin que cette guerre s'arrête.

Je suis toujours là. Je n'ai pas abandonné.
Nous voulons la paix. Nous voulons que cette guerre cesse.

Je me lève chaque jour et je continue d'essayer.
Mais c'est dangereux. J'ai peur de me déplacer, peur d'assister aux cours en présentiel, car les bombardements sont aléatoires.

Mais je continue à apprendre en ligne, parce que je ne veux pas perdre mon temps.
Je refuse de rester dans le silence.

Je suis ici, je suis de Gaza, ma fière patrie.
Et tout ce que je demande, c'est que la guerre s'arrête,
pour que je puisse vivre,
pour que je puisse réaliser mes rêves.

La question qui nous hante : Quand ?

Farah Jeakhadib

Quelle étrange vie nous menons !

Ce que l'un appelle un rêve peut être le cauchemar de l'autre. Imagine :

Une nuit calme sous un ciel plein d'étoiles, toute ta famille réunie dans une pièce, partageant un repas et une paix éphémère. Cela m'aurait semblé un rêve de simplicité et de chaleur, si on m'en avait parlé avant que je ne le vive… d'une façon très différente.

Oui, le ciel est illuminé, mais pas par des étoiles : par des avions de guerre. Par des fusées éclairantes qui nous volent la nuit.

Et ce silence, ce n'est pas la paix : c'est le bruit de l'attente – celle de la prochaine explosion qui te tue de frayeur avant de te mettre en pièces.

Ta famille réunie, pas sous un toit mais sous une tente qui ne vous isole ni du froid mordant de l'hiver, ni de la chaleur brûlante de l'été, et qui ne peut pas vous protéger des éclats d'obus meurtriers.

Vous partagez un morceau de pain, si vous avez de la chance, un morceau de pain que tu as dû marcher de tes propres jambes vers la mort pour obtenir.

Nos jours ne sont plus faits pour vivre – ils sont faits pour « SURVIVRE ». Nourriture. Eau. Médicaments. Voilà ce que signifie la vie ici, désormais.

Mon frère, blessé à l'œil, perdant peu à peu la vue, qui attend comme une lueur d'espoir l'autorisation de quitter Gaza pour sauver ce qui reste de sa vision, pour extraire l'éclat d'obus logé depuis cinq mois dans son cerveau – mon frère se lève tôt chaque matin pour aller à un endroit ironiquement appelé « Fondation Humanitaire de Gaza ». Un endroit qui n'a rien à voir avec l'humanité.

Tu connais Squid Game ? C'est une description plus exacte de cet endroit. Il faut se battre, sacrifier, endurer, pour obtenir son pain quotidien.

Pendant ce temps, mes parents vivent avec une peur constante : leur fils ramènera-t-il de la nourriture – ou sera-t-il lui-même ramené sans vie, porté sur une civière ?

Mon frère devrait être à l'hôpital, guérissant, recevant des repas adaptés à un convalescent. Mais ici, même les malades doivent se nourrir eux-mêmes – et nourrir leur famille.

Je lève les yeux depuis l'endroit où je dors, et je vois le ciel, non pas paisible, non pas calme, mais rempli d'avions de guerre.

Mon esprit est envahi de questions sans fin.

Et ce ne sont pas seulement les questions, ce sont les réponses qui m'assaillent comme des chaînes,

me ligotant, m'empêchant de comprendre pourquoi le monde laisse cela se produire.

Un crime de guerre :

c'est ce que c'était quand la famille de la petite Hind Rajab a été tuée dans sa voiture. Tous. Et elle a été laissée seule, suppliant la Croix-Rouge : « Venez… venez me chercher… J'ai tellement peur… Ils sont tous morts… Venez, s'il vous plaît. » Le soldat a-t-il réfléchi, ne serait-ce qu'une seconde, avant de tirer : *Peut-être qu'il y a des enfants dedans ?*

Un autre crime de guerre :

le bombardement de l'hôpital baptiste Al-Ahli. Près d'un millier de vies perdues en un souffle – enfants, patients, médecins. Le pilote s'est-il arrêté pour se demander : *C'est un hôpital… devrais-je vraiment le bombarder ?*

Encore un crime : la tente des journalistes. Ahmad Mansour, brûlé vif, assis sur une chaise. Il n'a même pas pu se lever pour s'échapper. Le feu l'a avalé – et le monde a regardé.

Le soldat savait-il ? S'en est-il soucié ? *C'est un journaliste. Pourquoi est-il une cible ?*

Et le nourrisson, un bébé qui n'a jamais ouvert ses yeux sur la vie, mort de faim. Tué par la famine. Ceux qui bloquent la nourriture aux frontières se sont-ils arrêtés pour demander : *Quel est son crime ?*

La femme enceinte, la mère allaitante, qui a besoin de nourriture pour son bébé, qui s'effondre dans la rue car il n'y a rien à manger. Se sont-ils jamais demandé : *Qu'a-t-elle fait pour mériter cela ?*

Les questions ne s'arrêtent pas.

Mais celle qui résonne dans chaque tente, chaque tombe,
chaque maison brisée, est :

Quand ?

Quand le monde, si fier de son humanité, se réveillera-t-il pour voir
ce qui se passe à Gaza ?

Quand les nations arabes se lèveront-elles pour leurs frères et sœurs –
affamés, massacrés, déplacés ?

Et quand ce cauchemar prendra-t-il fin –

ce cauchemar qui, je l'espère de tout mon cœur,

n'est qu'un rêve…

qui disparaîtra quand je me réveillerai ?

Ma joue sur mon bras

Ahmed Raed Mohammed Farhan

C'était autrefois notre refuge –
le sanctuaire où nous fuyions le chagrin,
l'endroit où nos pensées erraient librement,
quand nous levions les yeux vers le ciel, vers les étoiles,
ou que nous nous abandonnions aux merveilles de la nature,
laissant couler nos émotions – joie, tristesse, nostalgie –

Ou, trouvant la paix dans les traits familiers de quelqu'un que nous
aimions, dérivions doucement dans une rêverie, flottant sur des nuages
de coton.
Mais maintenant…
Cet état d'esprit élégant s'est brisé :
Ce n'est plus un havre, mais une ruine.
Il est désormais rempli de folie et de décombres,
résonnant des cris des mères en deuil,
des sanglots des enfants,
des hurlements des orphelins.

J'ai perdu le sens de la beauté des jours qui passent.
Le passé s'est transformé en images douloureuses,
tournant comme une bobine devant mes yeux –
chaque image, un souvenir que je voudrais pouvoir fuir.

Je me recroqueville, la tête pressée contre mes genoux,
tentant de me cacher de tout cela – mais même ainsi, ça s'infiltre.
Même l'appel à la prière n'apporte plus de paix –
il ouvre les portes à des pensées empoisonnées qui assiègent l'esprit.
Et j'essaie de m'exiler, corps ou âme ou les deux...

Parfois, je remercie Dieu
simplement pour la présence de mes mains et de ma joue.
Parce que je ne sais pas :
quelqu'un, là-dehors, a-t-il perdu l'endroit où une main touche une joue ?

Ou bien la joue a-t-elle disparu...
parce que la tête elle-même a été arrachée ?

La famine aux temps modernes

Ahmed Raed Mohammed Farhan

On dit que la plus grande faiblesse physique qu'un être humain subit survient à deux étapes de la vie :

La première après la naissance – une faiblesse que la société et nous-mêmes accueillons avec douceur, enveloppée d'amour et de tendresse.

La seconde à la vieillesse – une faiblesse hors de notre contrôle, vécue avec frustration par nous-mêmes et avec pitié par les autres, assombrie par l'impuissance.

Mais ici, à Gaza, nous en connaissons une troisième forme.

Une faiblesse qui frappe le nourrisson, le jeune, le vieillard, l'enfant comme l'adulte, l'homme comme la femme, sans distinction aucune.

Sa cause ?

Des êtres qui se sont dépouillés de leur humanité, qui l'utilisent comme arme de guerre. Oui – la famine.

La famine s'infiltre en nous comme un cancer – lente, dévorante, paralysante.

Elle alourdit nos pas, fait trembler nos mains quand nous portons un verre d'eau, courbe nos dos quand nous tentons de nous lever, fait craquer nos articulations quand nous tendons la main vers un jouet – cherchant à oublier cette faim.

Mais comment oublier, quand nos ventres sont creux et que leurs grondements résonnent douloureusement dans le silence ?

Quand le gémissement de la faim devient une mélodie obsédante à nos oreilles, rappel cruel de ce que nous subissons ?

Nous la voyons dans nos côtes saillantes, dans les creux de nos bras et de nos poitrines, dans la façon dont les ceintures ne tiennent plus sur nos tailles qui s'amincissent.

Nous la sentons jusque dans notre sommeil – un cauchemar qui ronge nos rêves, vole la douceur du sommeil, la remplaçant par des larmes salées que mon petit essuie de sa joue avant qu'elles ne trempent son oreiller.

Il n'y a pas d'échappatoire – ni dans les rêves, ni dans la réalité, ni dans un monde qui devrait, aujourd'hui, être au sommet de la compassion et du progrès.

Pourtant il se met à nu, révélant le mensonge de sa prétendue civilisation – impuissant face à la faim, cette arme d'un État infecté par la peste du fascisme, régnant incontesté dans la tyrannie, comme nous en témoignons depuis 78 ans.

Le hurlement

Obay Jouda

Aujourd'hui, après quatre mois de hurlement… personne n'est là. Quatre mois de voix jetées dans le vide, sans qu'une oreille saisisse leur écho.

Quatre mois de faim…

Nous ne nous souvenons même plus de ce à quoi ressemble un pain.
Tout se mange ici, sauf le pain.
Nous festoyons de souvenirs, mâchons les peaux sèches des oignons,
faisons bouillir des herbes sauvages et murmurons à nos ventres :
« C'est de la soupe. »

Les enfants du quartier ont mémorisé les noms des fourrages
d'animaux.
Ils s'exclament de joie si une pelure de pomme tombe de l'arrière
d'une ambulance.

Je n'ai pas goûté au sucre depuis quatre mois.
Même le sucre est devenu un luxe.

Pendant quatre mois, j'ai compté le temps par le nombre de fois où je
me suis tenu au seuil de la mosquée détruite, les yeux fixés sur le ciel,
attendant un miracle qui ne vient jamais.

Et je hurle, je dis :
Vous êtes désormais dans la plus grande cellule.
Une pièce de pierres brisées et un plafond trop bas – mais sans
véritables murs.

Car la plus grande prison n'a pas besoin de murs :
Elle a seulement besoin d'un monde qui choisit de ne pas voir
alors qu'il voit,
qui choisit de ne pas entendre alors qu'il entend.

Nous vivons dans une forêt.
Non pas parce qu'il y a des arbres, mais parce qu'il n'y a pas de
miséricorde.

Personne ne t'entend.
Personne ne *veut* t'entendre.
Ici, personne n' entend les cris – ou peut-être que personne ne veut
les entendre.

Le cri d'un ventre vide.
La lamentation d'une mère en deuil.
Le hurlement d'une ville ensanglantée.
Le rugissement des obus qui tombent.
Les pleurs des enfants.
Les cris des hommes adultes.

Ici, il n'y a de temps pour rien, que pour hurler.
Pas de temps pour demain.
Pas de temps pour l'espoir.
Pas même de temps pour une étreinte.

Peut-être que quelqu'un viendra nous sauver d'un tourment qui n'a pas fermé l'oeil depuis deux ans.

Depuis que j'ai ouvert les yeux sur ce monde, le vent hurle sans répit.
Je ne me souviens d'aucun réconfort.
Je ne me souviens d'aucune journée entière.
Tout ce dont je me souviens, ce sont les cris.

Les cris de ceux qui n'ont pas de voix
Qui, cette fois, ont bien frappé aux murs de leur prison,
mais le silence n'était pas le leur :
C'est le monde à l'extérieur qui était sourd.

Captivité et perte...
deux plaies qui ne guérissent jamais

Eslam Anwar Gondy

Le 7 octobre 2023, nous nous sommes réveillés au son des roquettes.

Au début, nous ne comprenions pas ce qui se passait, mais en suivant les nouvelles, nous avons réalisé que la résistance palestinienne avait lancé une opération contre l'occupation. Nous avons d'abord ressenti de la joie, mais la situation s'est vite retournée, et la souffrance du peuple de Gaza a commencé.

Ma famille et moi vivons près de la frontière, nous avons donc dû quitter notre maison immédiatement. Nous avons circulé entre plusieurs maisons de proches à cause des bombardements et des menaces. D'abord, nous nous sommes réfugiés chez mon grand-père, puis nous avons continué à nous déplacer. Pendant cette période, notre famille a vécu une immense tragédie : ma tante Na'ma, son mari et leurs enfants ont été martyrisés. Mon frère Ahmad a aussi été blessé deux fois, une fois à l'hôpital baptiste Al-Ahli et une autre fois par une balle qui a failli atteindre son cœur.

Nous avons connu de longues périodes de faim extrême. Nous avons été forcés de manger de la farine de maïs, de la nourriture pour animaux et des plantes sauvages toxiques – c'était tout ce que nous trouvions, car l'occupation empêchait l'entrée de nourriture et d'aide. Il n'y avait rien à acheter ni à manger.

Nous vivions dans une pièce avec d'autres familles que nous ne connaissions pas. Cela rendait les déplacements et les repas très restreints ; il n'y avait plus de vie privée ni de liberté comme à la maison, et les tensions étaient constantes. Nous cuisinions avec du bois et transportions de l'eau sur de très longues distances, et ce n'était jamais suffisant pour nos besoins quotidiens, tant elle était rare.

Nous avons vécu un temps dans l'hôpital Al-Shifa, jusqu'à ce qu'une nuit l'armée israélienne l'assiège. Elle a commencé à nous expulser par groupes – d'abord les hommes, puis les femmes – dans des conditions extrêmement dures. Ils ont pris mon père, mon frère et d'autres hommes de ma famille avec ceux d'autres familles, sous la pluie battante et glaciale. Ils les ont torturés, libérant certains et arrêtant d'autres. Mon frère et certains de mes cousins faisaient partie des prisonniers. Ils les ont dépouillés de leurs vêtements dans le froid, sous la pluie, mais ils ont relâché mon père, le forçant à partir seul dans la nuit noire et orageuse.

Ma mère, ma sœur et moi sommes restées dans l'hôpital, sans savoir ce qu'étaient devenus mon frère et mon père. Le lendemain, l'armée nous appela pour nous faire sortir. Nous sommes passées devant des chars. Ma mère est sortie la première, mais quand j'ai essayé de la suivre, on m'a ordonné de ne pas bouger et de retourner à l'intérieur, promettant de nous évacuer le lendemain. Ils nous ont séparées. Cette nuit fut l'une des plus dures de ma vie – des tirs partout, les cris des prisonniers torturés, rien pour dormir dessus. Tout ce à quoi nous pensions, c'était : qu'est-il arrivé à notre père et notre frère ?

Au matin, ils nous ont appelées à nouveau et nous sommes sorties devant les chars. Jamais je n'avais ressenti une telle humiliation. Nous avons échappé de justesse et avons retrouvé ma mère et mon père. Mon frère Ahmad, qui avait été arrêté, subissait de graves tortures dans les prisons israéliennes. Nous avons enduré une torture psychologique terrible, sans savoir s'il était vivant ou non. Après deux mois, il a été libéré, le 2 mai 2024, mais libéré au sud alors que nous étions au nord. Nous sommes restés séparés.

Puis la plus grande tragédie est survenue, le 21 juin 2024, quand le garage municipal où travaillait mon père a été bombardé. Mon père a été martyrisé dans l'attaque. C'était un choc indescriptible. Il était notre seul soutien, mon bien-aimé, un trésor inestimable. Les mots ne pourront jamais exprimer ce que j'ai ressenti, mais son martyre nous a brisés. J'ai été mentalement et matériellement affectée par sa perte. Nous n'avons même pas pu visiter sa tombe : l'occupation l'a rasée.

Nous avons alors erré entre écoles et bâtiments détruits. Chaque fois que nous pensions être en sécurité, un nouveau bombardement ou une menace d'invasion survenait. Nous avons perdu notre maison deux fois. Chaque fois, nous espérions y revenir, mais l'occupation nous a privés même de ce droit simple.

Nos conditions de vie sont devenues insupportables : pas assez de nourriture, pas d'eau, pas d'électricité, pas de sécurité. Mes frères ont été séparés de nous – Ahmad au sud et mon frère aîné Sobhi en Égypte. Nous pouvions à peine communiquer à cause des coupures d'internet et de réseau. Et notre père... notre père a été martyrisé.

Chaque jour, nous vivons dans l'espoir que cette guerre finira. Nous avons tout perdu : notre maison, notre père, nos rêves, notre stabilité. La guerre a détruit tous les aspects de nos vies – l'émotionnel, le physique, le social, l'éducation. Et aujourd'hui, nous ne savons même pas si nous vivrons pour en voir la fin, ou si nous serons les prochaines victimes.

Le pain pour lequel nous mourons

Raghad Ahed Alsafadi

Nous vivons désormais dans une version de *Squid Game* dépouillée de toute fiction, sans caméras, sans drame, sans prix étincelant à la fin.

Là-bas, les gens se sacrifient pour des millions.

Ici, nous risquons nos vies pour un sac de farine qui ne suffit même pas à calmer notre faim, mais dont nous dépendons entièrement.

Dans le jeu, la mort est un scénario.

Ici, la mort est une routine. Elle traverse les files d'attente, rôde dans les cuisines vides, résonne dans les pleurs silencieux des mères qui n'ont rien à donner à leurs enfants.

Un pain est devenu une médaille de bravoure. Une miette, un acte de survie.

Et le moulin tourne, non seulement sur les grains, mais aussi sur nos os, sur notre silence et sur le vocabulaire de notre faim.

Quelle ironie… que le pain, qui reste intouché sur tant d'assiettes dans le monde, offert comme banal accompagnement, souvent ignoré, soit devenu ici la colonne vertébrale de la survie.

L'obtenir n'est pas ordinaire, c'est une victoire.

Nous jouons, non pour gagner, mais simplement pour exister un jour de plus.

Et cette réalité…

est plus sauvage que n'importe quelle fiction, et plus impitoyable que n'importe quelle histoire jamais écrite pour un écran.

Quand la nourriture devient un rêve

Farah Talal Mohammed Abomutayer

À deux heures du matin, la famille Ramalawi fut réveillée par les pleurs de leur fille de huit ans, Mariam. Elle hurlait de faim, son ventre la faisait atrocement souffrir et elle avait perdu sept kilos en moins de trois mois.

Avant la guerre, Mariam était comme une princesse parmi les filles – vivant son enfance dans une pure innocence, sans jamais nuire à personne. Elle était comme un ange.

Mariam se rendormit, épuisée par la douleur, les cris et les pleurs. Mais ses parents restèrent éveillés, assis en silence, pensant à leur petite fille innocente, brisée par la faim et l'épuisement.

Mariam avait écrit dans son journal :
« Je ne comprends pas pourquoi nous n'avons pas de nourriture. Sommes-nous devenus pauvres ? »

Elle poussa doucement son père, perdu dans ses pensées à côté d'elle :
« Papa, sommes-nous devenus pauvres ? »

Le père ne trouva pas de réponse. Il se mit à se demander lui-même…

Un médecin qui gagne mille dollars par mois est-il pauvre ?

Il se répondit :
– Certainement pas.

Le problème, c'est que les prix au marché sont exorbitants, et qu'il n'y a presque rien à acheter. Retirer de l'argent à la banque entraîne des frais énormes – jusqu'à 40 % du montant. Mille dollars, qui suffisaient largement avant la guerre, ne suffisent plus du tout aujourd'hui.

Une réponse longue et compliquée qu'il garda pour lui.

« Non, ma fille, nous ne sommes pas devenus pauvres. C'est juste que les prix sont très élevés en ce moment. Peut-être qu'ils baisseront bientôt – je l'espère. »

Il pensait avoir esquivé sa question, mais en vérité, elle resta gravée dans son propre esprit, tournant sans cesse.

Pendant ce temps, la mère de Mariam allumait un feu pour préparer des lentilles – la nourriture devenue incontournable pour chaque famille à Gaza : au petit déjeuner, au déjeuner et au dîner. Les ventres étaient usés à force d'en manger.

Mariam l'appela :
« *Maman, maman, que va-t-on manger pour le déjeuner aujourd'hui ?* »
« *Des lentilles, comme d'habitude, ma chérie.* »
« *Mais je suis fatiguée d'en manger, maman. J'ai tellement maigri et mon ventre me fait tout le temps mal.* »
« *Si seulement nous avions une autre option, ma fille. Mais nous sommes obligés d'en manger. Nous n'avons pas le choix. Dors maintenant, je te réveillerai quand ce sera prêt.* »
« *D'accord, maman. Mais j'ai vraiment faim. J'espère que je n'attendrai pas trop longtemps.* »

Mariam s'endormit et la nuit passa, sans nourriture.

Quant au repas que sa mère feignait de préparer, ce n'était qu'un subterfuge pour l'aider à dormir.

Ils n'avaient même pas de lentilles.

Un sac de farine valant la vie et le sang

Farah Talal Mohammed Abomutayer

À quatre heures du matin, Ahmad et son père se réveillèrent après avoir dormi à même le sol près du point de passage des camions d'aide. Ils burent un peu d'eau et attendirent que les camions arrivent. Deux heures plus tard, les camions entrèrent et la foule se rua vers eux avec la force du désespoir. Certains furent piétinés, d'autres frappés au visage. Quelques-uns réussirent à atteindre les camions et à saisir un sac de farine au prix d'une lutte acharnée.

À ce moment, trois chars israéliens se tenaient à proximité, observant la foule affamée s'arracher l'aide. Ahmad remarqua l'un des soldats pointer du doigt et dire quelques mots aux autres.

Alors Ahmad cria :

« Courez ! Courez vite ! Baissez-vous ! Ils vont tirer – baissez-vous ! »

Il avait compris que les signes qu'il avait surpris étaient un feu vert pour massacrer. En quelques secondes, le chaos s'empara de la scène – poussière dans l'air, sang au sol.

« Papa ! Papa ! Où es-tu, papa ? »

Quand la poussière retomba et que les gens se dispersèrent, Ahmad chercha désespérément son père, qui avait disparu au premier tir. Les martyrs jonchaient le sol. Les blessés hurlaient. L'air empestait le sang et la mort.

« Papa ! Tu m'entends ? Regarde-moi ! S'il te plaît, papa, regarde-moi ! »

Ahmad le trouva – son père, sans vie, couvert de sang et de terre.

« Papa... si seulement on n'était pas venus. Réponds-moi. Regarde-moi, papa... »

Ils n'avaient plus de farine depuis des jours. Ils ne seraient jamais venus si ce n'était pas nécessaire. Qui irait volontairement à la mort pour un sac de farine ?

Ahmad souleva son père et le porta au point d'ambulance. Il le déposa sur une civière et le conduisit à la morgue, pour qu'il soit lavé et enterré dignement.

« Maman... Papa... Papa est parti. Papa est tombé martyr... Papa est tombé martyr ! »

Ahmad s'effondra, sanglotant amèrement. Après un long silence, il murmura :

« Un sac de farine... vaut la vie et le sang. »

Une supplication pour ranimer l'avenir

Ahmed Raed Mohammed Farhan

D'un rêveur plein de vision, avide d'orner la vie d'un avenir lumineux dans ce qu'on appelait toujours « l'âge d'or de la vingtaine »,
je suis devenu un noyé sous les décombres, la vision brisée, les pensées enfermées dans la catastrophe.

J'étais autrefois rempli de vie, animé par la soif de savoir, convaincu que le succès et l'apprentissage étaient les seules voies pour prouver ma valeur – mon chemin pour mener, pour m'élever.

Mais du jour au lendemain, ma vie s'est effondrée dans un vaste vide sans direction.

Je ne sais pas si, en continuant à marcher dans ce tunnel, la lumière apparaîtra à la fin – ou si l'obscurité deviendra plus lourde, se refermant de tous côtés, comme un monstre qui a fait irruption dans mon monde sans frapper.

Oui, je m'accroche encore à mes rêves.
Mais la question qui me hante est :
Serai-je encore vivant dans un instant pour les accomplir ?
Et si je survis à cette minute – survivrai-je à la prochaine heure ?
Au jour suivant ? À l'année suivante ?

Ces questions de survie ou de mort, d'espoir ou de désespoir sont devenues ma prison. Je n'en trouve pas l'issue.

Aujourd'hui, je vis comme un prisonnier – un corps à peine fonctionnel, une âme qui s'effondre.

Et une autre question surgit :

Quel est le but de vivre si tout ce que j'ai, ce sont des fragments d'espoir, des fragments de rêves, des fragments d'âme ?

C'est exactement ce que la machine sioniste de la terreur continue à faire avec toutes ses formes de torture et de folie.

Et moi, je sens la folie m'encercler.

À vous, société qui vous vantez de culture et de responsabilité, vous savez ce que signifie être dépouillé de vos droits, sentir votre esprit se briser.

Alors je vous demande :
Si vous êtes vraiment libres,
aidez à sauver une voix libre,
avant que moi aussi, je ne devienne qu'un numéro de plus
sur la liste quotidienne du deuil – une liste qui, tragiquement, est
devenue un mode de vie.

Quant à moi…

POÈMES

Vents de résolution

Donya Mohammed Sameh

Me voici, vivant l'instant présent
Debout au bord de la falaise

Sans craindre l'inévitable
Ni le brouillard des profondeurs
J'ouvre les bras et j'accueille chaque vent
Tu me vois tomber, à maintes reprises
Devenant un amas de noirceur

Je ne me repose pas
Je rassemble mes échecs et j'avance
Je ne me lasse pas de me réinventer
Se relever fut un passage vers ce que je devais être

Je savoure l'amertume de la douleur
Un souffle lourd à chaque bataille
Comme la douleur était délicieuse alors
Comme l'agonie m'a raffiné

Cendres et encre

Donya Mohammed Sameh

Une flamme de passion jaillit
Des cendres de mon âme en feu
Dans l'écriture, gît l'extase
Tant d'extase
Plongée, je n'ai jamais écrit

Mais maintenant, je me noie
Dans le tourbillon des émotions
Une faim intérieure m'oblige
À écrire ce qui me captive
À tracer nos jours, notre passé
Comme une tasse de café

j'en savoure le goût
Je contemple sa saveur
Comme si c'était la toute première fois

Trace d'un bateau
Aspirant à chaque port
Désirant jeter l'ancre

J'attends la fin de la route
Et nous voici
Comptant les jours
Traçant une voie
Tissant une destination
Et tu me trouveras ici
Plongée dans la prose
Et la littérature

Peur sous le silence

Donya Mohammed Sameh

Sans fin, l'esprit vagabonde
Vers les temps d'avant
Nostalgie pour la beauté de leurs instants
j'ai compris que mon désir était
La tranquillité de mon esprit
La paix de mon âme
Mon cœur apaisé

Il y a du silence partout
Sauf en moi
La paix règne
Mais pas dans ma patrie
La sérénité ne frappe pas à ma porte

Je désire être consolée
Par un peu de réconfort
Pourquoi ce sentiment m'envahit-il
Quand la paix effleure l'air

Des gouttes d'eau de mon visage
Glissent sur mes oreilles

Les blessures de l'âme se resserrent sur moi
Comme si la paix était taboue sur ma terre

Les fils de la peur se resserrent
Pour étouffer mon âme
Quatre lettres ont semé un sentiment
Rongeant chaque plaie
Le temps guérit les blessures
Mais ne vois-tu pas
Qu'un seul sentiment peut durer toute une vie ?

Je voudrais être un oiseau un jour

Linda Alhawari

Je voudrais être un oiseau un jour
Volant sans restrictions
Traversant pays et mers
Sans limites ni permis

Sans avoir besoin de visa, ni tampon d'entrée
Sans humiliation mondiale juste pour franchir une rampe

Il ne me reste plus rien ici
Pas de maison, pas de dignité, pas de joie

Je me vois vieillir en un mois
Et davantage en vingt-quatre mois et pire encore

Les ruines de ma maison me fixent
Les pierres de ma chambre murmurant
Allons-nous ne plus jamais nous revoir ?
Est-ce notre dernier regard, alors je pars dans un mirage ?

Nous l'avons bâtie de nos yeux
Ornée de nos cœurs
J'y ai planté un arbre
Arrosé des joies de mon âme

Je te vois partir avant ton temps
Qui remplacera mes souvenirs, mes rêves ?
Ai-je quelqu'un d'autre qu'Allah
Pour entendre mes plaintes ?

Une année de génocide

Jood Sabea

Un soleil brillait autrefois
j'aimais son jaune doré
Sa chaleur ; ma vie
Il rayonnait
Même dans les jours les plus sombres
Il me donnait de la chaleur
La descendait vers moi
En doux rayons
Un éclat d'espoir
Me rassurant
La lumière reviendra encore
Comme le soleil le fait d'ordinaire
Il se couche un temps
Et revient plus éclatant
Avec la même passion
La même bienveillance
Avec un sourire qui s'éteint sous son éclat
Mon soleil me rappelle le sourire dans une situation misérable
Comme un pansement sur une plaie
Il poursuit sa route
Dans un monde fait de contraires
Jour et nuit
Haut et bas
Ma vie était radieuse
Éclipse totale ; mon soleil absent
Une année presque entière de jours froids
Ma nuit est longue
Et mon soleil n'est pas là

Je saigne
Sans pansement
Et sans sourire
Je sais
Au plus profond de mon cœur
Que demain le soleil se lèvera
Et combien j'aime le matin

Quand le déclin a commencé

Yasmeen Ramadan Mohammad Omar

On disait que la guerre avait un bruit assourdissant
Mais je n'ai entendu que le silence
Un silence lourd, précédant l'explosion
Suivi d'une dévastation invisible, pourtant je la sentais habiter en moi
Rien dans la guerre de l'héroïsme qu'ils évoquaient
Je n'étais pas soldat, je ne portais pas d'arme
Mais j'étais la cible
j'étais le sol qu'ils foulaient
l'âme déchirée par des vagues de terreur
Tout autour de moi se transformait en cendres
En moi, tout s'écroulait
Comme un vieux mur bombardé mille fois
Je ne tremble pas devant la douleur
Et mes traits ne se brisent pas devant les traumatismes
j'ai l'habitude de rester solide quand tous tremblent
j'ai l'habitude de rester silencieuse quand mon intérieur hurle
Malgré toute cette constance, j'ai peur
Peur de me réveiller face à une tragédie
Peur de perdre soudainement
Celui que j'aime
De trouver la maison vide
La voix absente
Ma mémoire remplie d'insupportable
Je ne crains pas la guerre autant que je crains la perte
La guerre frappe le corps

Mais la perte ronge lentement l'âme
Te laissant vivant, non pour vivre mais pour te souvenir
Je cache cette peur derrière des yeux fixes
Derrière des traits qui ne révèlent rien
Mais mon cœur
Mon cœur tremble à chaque seconde qui passe
Je ne sais pas qui restera
Qui partira sans dire adieu
Sais-tu ce que cela signifie de t'endormir chaque nuit
En murmurant le nom de ceux que tu aimes
Comme si tu leur disais adieu sans même t'en rendre compte ?
Sais-tu ce que cela signifie
De souhaiter la mort, non parce que tu es faible
Mais parce que tu ne peux pas supporter l'idée d'être seul sans eux ?
Mon cœur a commencé à s'éteindre le jour où j'ai compris que rien ne dure
Que les visages que je vois chaque jour
Pourraient être un souvenir demain
l'effacement a commencé quand j'ai commencé à compter des noms
     dans mon esprit
À imaginer qui pourrait être pris le premier
Je ne pleure pas, je ne m'effondre pas
Mais je pose ma main sur mon cœur à chaque explosion entendue
Comptant les nombres, comptant mes souffles
Et suppliant Dieu : « Ne fais pas de ce jour mon pire jour »
Chaque battement dans ma poitrine est chargé d'anticipation
Chaque rire partagé avec eux je le garde
Comme si je craignais qu'il ne se reproduise plus
Je ne vis plus la vie comme avant
Je vis sur les bords de la peur
Aux franges de la prière
j'essaie de paraître comme avant
Mais quelque chose en moi s'éteint chaque jour
Je crains qu'un jour
Je ne devienne un squelette figé
Sans désir, sans larmes, sans vie
Et me voici
Résistant à l'effondrement
Mais je sais avec certitude que je ne crains pas la guerre
Plutôt, je crains que la guerre ne me laisse sans ceux que j'aime

Une guerre contre des cœurs fragiles qui voulaient vivre – pour mourir mille fois

Tasneem Ramadan Mohammad Omar

La perte, ou plutôt perdre quelqu'un que tu aimes, est toujours douloureuse, n'est-ce pas ?

Eh bien, cette douleur dont je n'avais jamais compris la nature, je l'ai ressentie et apprise de la manière la plus sévère. La guerre m'a impitoyablement arraché mes êtres chers.

Oui, j'ai perdu mon âme dans cette guerre et il ne me reste rien, sinon des fragments brisés qui vivent en moi. La perte ne peut être décrite en mots, mais je peux dire que c'est comme si ton âme quittait ton corps sans mourir et que ton cœur mourait sans être transpercé ni arrêté.

Cette douleur est trop grande pour être décrite en quelques lignes ou en quelques mots.

Tu perds le sens de toi-même, de ton corps, de ce qui t'entoure, parce que la douleur dans ton cœur t'épuise. Tu essaies d'avancer, mais tu te rappelles qu'ils ne sont plus là. Ils ne se réjouiront pas de ta joie ni ne pleureront ta tristesse. Ils ne seront pas là quand tu auras besoin d'eux.

J'étais comme un barrage imprenable, affrontant la vie avec un sourire lumineux qui ne s'éteignait pas. Mais la perte de mon refuge et de mon abri a détruit mes forteresses et les a réduites en décombres. La douleur m'a consumée, mais je respire encore. Oui, je suis en vie, mais je n'ai plus de sentiments. Ils ont tué mon cœur et pris mon âme. Ils l'ont couchée sous la terre, corps froid. J'entends sa voix partout ; je vois sa photo sur chaque mur et dans chaque visage. Ils m'ont fait perdre mon ange innocent et m'ont laissé marcher seule sur le chemin que nous avions tracé ensemble, sans refuge ni guide. Ils m'ont laissé seule sans ma forteresse imprenable pour affronter la laideur de la vie. Et si cette guerre s'arrêtait, qui me rendrait mon cœur et mon refuge ? Qui me rendra les âmes qui m'étaient chères ? Qui fera taire la nostalgie et les souvenirs qui affluent dans mon esprit ? Qui me dédommagera de la chaleur des cœurs que j'ai perdus ? Qui apaisera cette douleur mortelle qui traverse mon cœur et mon âme ? Personne, personne ne le fera jamais.

Je me sens perdue et confuse sans mon ange, mon amie bien-aimée, mon âme sœur. Alors, me la ramèneras-tu pour qu'elle me guide à nouveau ? Je n'ai qu'elle qui me comprenne sans explication. Me la rendras-tu, mon ange ? Me rendras-tu ma compagne que tu as volée avec tes missiles ? Me la rendras-tu pour que nous continuions à marcher ensemble vers le rêve que nous partagions ? Le feras-tu ?

Je ne peux plus supporter ! Je meurs lentement ici. Oui, je ris et je dis à tout le monde que je vais bien, mais ce n'est pas vrai. Mon âme est brisée et éparpillée. Veux-tu bien la réassembler, car je ne peux plus supporter tout cela ? Je suis encore dans la fleur de ma jeunesse, alors pourquoi toute cette douleur ? Pourquoi toute cette perte ? Pourquoi ne vais-je pas bien ? Pourquoi est-ce que je meurs lentement ? Pourquoi devrais-je me perdre avant même de me trouver ? Pourquoi dois-je subir tout cela, moi qui suis seulement humaine, avec des rêves et des ambitions ? Une humaine qui avait des amies avec lesquelles elle avait prévu de réaliser des rêves. Pourquoi mes amis m'ont-ils été arrachées si brutalement ? Pourquoi suis-je perdu seul, sans eux autour de moi ? Pourquoi le destin est-il si cruel ? Cette situation et cette guerre finiront-elles un jour, ou disparaîtrai-je avant de me retrouver ? Si seulement cela s'arrêtait sans que je perde davantage. Ma force a faibli. Je ne peux plus supporter d'autres pertes. Mon énergie est épuisée et toutes mes larmes se sont taries. Alors, sois doux avec un cœur qui vient à peine de découvrir la vie. Ou bien le monde restera-t-il sourd et n'entendra-t-il pas ma voix ?

Écrit par un cœur tourmenté par une douleur excessive.

J'écris depuis le cœur de la guerre, non depuis sa fin

Raghad Ahed Alsafadi

J'écris sachant avec une certitude absolue que je ne suis plus la même
et ne le serai jamais plus.

Tout en moi a changé, s'est brisé, s'est déplacé.

La mémoire n'est plus un abri, ni l'âme capable de préserver ce qu'elle
était autrefois.

La guerre nous a dévorés de l'intérieur – pas soudainement, mais
lentement, cruellement.

Les premières nuits de déplacement sont gravées dans ma mémoire.

Menaces contre notre quartier.

Nous avons couru dans les rues.
Portant les enfants d'un bras et la terreur de l'autre.

Nous allions d'une maison à l'autre – non parce qu'on nous rejetait,
mais parce que chaque maison où nous entrions, on nous disait
bientôt : « Ce n'est plus sûr. »
Nous fuyions encore, serrant nos corps tremblants dans nos pyjamas
légers, cherchant l'ombre d'un mur pour nous protéger d'un obus à
tout moment.

Cette nuit-là, nous avons dormi dans la cour d'un hôpital.
Nous étions assis à même le sol, regardant la mort planer au-dessus de
nos têtes.
Quand l'aube s'est levée dans l'obscurité,
nous sommes rentrés chez nous, nous abandonnant au destin aveugle,
murmurant la shahada au cas où nous mourrions en chemin,
la murmurant dans nos poitrines comme pour dire adieu au monde au
seuil de la mort.
Le lendemain, notre voisin fut tué.

Il avait été avec nous juste la veille.
Ils ont bombardé sa maison entièrement.
Depuis, le son des drones ne m'a jamais quittée.
Il s'accroche à mon souffle,

est devenu partie de la familiarité déformée que nous vivons.
Nous craignons leur silence plus que leur bruit.
Le fracas de n'importe quoi touchant le sol fait bondir nos cœurs,
　　pensant à un autre missile frappant au bord de la fin.

J'aspirais à ma chambre qui m'enveloppait,

à un lit dont je connais les plis,
à une porte dont je reconnais le grincement,
à une salle de bain pour laquelle je n'ai pas à supplier pour mon tour,
à un instant de confort – non programmé, sans alerte, sans panique.

J'aspire au confort que j'avais autrefois,
sans savoir que je possédais une fortune qui n'a pas duré.
J'écris maintenant d'une tente devenue ma maison.
Ma propre maison a été détruite.
Je dors à même le sol, l'épuisement est mon oreiller,
essayant d'aller bien même si tout s'écroule autour de moi.

Nous avons été déplacés quatorze fois ou plus.
Chaque fois, j'ai emporté la photo de mon père.
Sauf la dernière fois.
Je suis partie à la hâte, la laissant derrière moi.
Comme j'aurais voulu revenir la chercher.
J'ai senti que je le perdais à nouveau, pour la seconde fois.

Parfois je me dis : peut-être aurait-il été plus miséricordieux pour
　　la photo de rester là, de se reposer du déplacement.

Peut-être aurait-il été plus clément que mon père ne soit pas ici,
　　dans cette dévastation.

S'il avait été vivant, il aurait été consumé par la course à l'abri,
　　et serait mort mille fois à chercher de la nourriture pour nous.

L'inquiétude l'aurait consumé, tout comme elle a consumé son ami,
disparu pendant des jours pour être retrouvé gisant dans un trou,
　　tué avec ceux qui l'accompagnaient.
Ils n'étaient partis que chercher de la nourriture.

Peux-tu imaginer quelqu'un tué simplement parce qu'il voulait
　　nourrir ses enfants ?
Enterré en silence tandis que sa famille continue de le chercher
　　parmi les tombes.

Ma nièce de huit ans m'a dit un jour :
« Même si je mangeais tout le pain du monde,
Rien n'effacerait le goût du fourrage que vous avez moulu à la place de
    la farine.
Ce goût ne quittera jamais ma bouche.
Il restera témoin de la faim qui a consumé nos âmes. »
Elle m'a parlé du soldat au checkpoint.
Il l'a séparée de sa mère.
Comment il a pointé son fusil vers son visage d'enfant comme une
    menace.
Elle m'a demandé : « Est-ce que je lui faisais peur ?
A-t-il imaginé qu'à huit ans, je voulais me faire exploser ?
C'était moi la terrifiée.
Mais son fusil tremblait devant moi. »

Je souhaite une vie simple, pas luxueuse.
Seulement vivre sans terreur.
Sans longues files pour l'eau.
Sans cris pour un abri.
Mais aujourd'hui, je pleure de faim.
Je m'effondre d'impuissance.
Je me brise quand je ne trouve pas un endroit digne
pour faire mes besoins.

Quand je regarde le visage ridé de ma mère, je suis submergée de
    chagrin.
Elle aurait pu se reposer après le départ de mon père,
Voir ses petites-filles grandir devant elle.
Mais aujourd'hui, elle s'assoit près de la tente poussiéreuse,
Luttant en silence.

Chaque maison de Gaza
A une histoire de perte, un mur de douleur.

Ma tante, qui était une mère et une amie pour moi,
A été déplacée avec nous, a souffert avec nous, puis est partie.
J'écris sur elle comme si elle était encore là.

Jumana… cette petite fille que j'ai vue,
Une future mère,
A été tuée avec ses parents
dans un massacre au marché.

L'ami de mon père, le pharmacien bienveillant,
a été tué en inspectant sa pharmacie réduite en décombres.

Mon voisin, le professeur d'université,
m'a dit un jour : « Cet endroit n'est plus sûr »,
et puis il est mort.

Mon amie,
dont le rire était une brise,
aujourd'hui... il n'y a plus de brise.

Peux-tu imaginer un jour où tu devras lutter pour une gorgée d'eau ?
Pleurer de faim ?
T'effondrer car tu ne trouves pas un endroit digne pour te laver ?
Prier pour la mort, non parce que tu hais la vie,
mais parce que tu es épuisée de la supporter.

Je me demande encore et encore :
Qu'avons-nous fait pour mériter tout cela ?

Chaque jour que nous vivons ici – une année de douleur.
Chaque instant – un nouveau chapitre de perte.

Je me manque à moi-même.
Ma nièce me manque, moi qui sais que je n'aimerai jamais personne
      comme elle.
Ce que nous étions avant cette folie me manque, avant cet
      effondrement lent.

Et je réfléchis : jusqu'à quand ?
Sortirons-nous un jour de ces décombres ?
Ou nos voix seront-elles à jamais enterrées ?

Et le rêve continue.
Et l'histoire continue.

Bannière blanche

Lina Khattab

Le sang a imbibé la bannière blanche,
La paix s'est éparpillée en vain.
Les colombes ont pris leur envol,
Seule la mort flottait dans les rues.

Les mots se sont tus,
Les larmes se sont changées en pierre.
Nous étions là, rassemblant les rêves des enfants,
Mais ils se sont éteints,
Seuls les jouets restaient.

Nous avons fait nos adieux à chaque seuil,
Confié testaments et souhaits au vent,
Laissé tant de choses derrière nous,
Avançant à tâtons, trébuchant vers l'aube.

Une aube qui nous ferait oublier
La morsure de la balle, la trahison de l'obus.
Dans la vieille maison, les rires se sont éteints,
Le jasmin s'est fané,
Le deuil planait sur les balcons comme une ombre.

Nous marchions, accablés par les regards des étrangers,
l'empreinte de l'épuisement gravée dans la mémoire.
Les rues gonflaient — c'était le Jour du Jugement.
Qui a remodelé la ville ?

Où sont les mosquées ?
Qui a détruit les églises ?
Qui a brûlé les manuels scolaires ?
Qui a éteint la lumière de la ville, sa joie ?

Nous sommes restés seuls, luttant contre le temps.
Notre sang a coulé à travers les rues maudites,
À travers la patrie pillée.
Les explosions éclataient, les cessez-le-feu étaient rejetés.

Ici, la vie est bon marché.
Rien ne bougeait.

La faim et le froid rongeaient
Les membres des dormeurs,
Tandis que le monde regardait.

Cauchemar à Gaza

Hazem

Dans cette guerre épuisant l'âme, brisant les nerfs et détruisant l'espoir,
Le chagrin et la tristesse sont venus sourire ironiquement au peuple
de Gaza,
Apportant avec eux toutes les nuances de la douleur et de la souffrance.

Combien de mères ont perdu leurs enfants ?
Combien d'argent a été réduit à néant ?
Combien de pères ont vu leurs enfants devenir martyrs ?
Combien de maisons ont été détruites ?
Combien de vies brisées ?
Combien de sourires ont été brûlés et défigurés ?

Combien ont été laissés sans abri ?
Combien d'enfants sont devenus orphelins ?

Ce n'est pas une guerre, mais un cauchemar tombé sur nous,
Duquel nous ne parvenons toujours pas à nous réveiller.

La fenêtre fermée

Marah Alaa El-Hatoum

Je suis passée par de nombreuses fenêtres pendant mon déplacement.
La plupart étaient ouvertes, munies de barreaux et de grillages, inutiles
pour empêcher les mouches et les moustiques d'entrer, surtout la nuit.
Parfois, ces barreaux portaient des motifs de feuilles, ou se courbaient
en forme de deux cœurs. L'une d'elles était à hauteur des yeux, et une
autre plus haut, non pour regarder à travers, mais pour laisser entrer

l'air et me maintenir en vie. Nous la fermions avec un sac plastique noir dans le froid. L'une donnait sur les cordes à linge, et derrière elles, se dressaient un petit clémentinier dont les fruits avaient séché, devenus immangeables pour les humains, ni même pour les insectes. Je n'ai jamais vu une abeille s'y poser, cherchant de la nourriture avec ses ailes. Pourtant, c'était une belle vue malgré tout : quelque chose qui conservait encore sa couleur, même très mort.

Je ne suis pas vraiment en vie

Marah Alaa El-Hatoum

Je ne suis pas vraiment en vie.

Je respire encore, et je sens mon cœur battre avec panique.
Je fuis et j'échappe, portant mes membres intacts.
J'ai ma famille, mes sens
Ce sont des bénédictions, oui.
Mais constamment menacées.
Elles sont tout ce que j'ai.
Je ne suis pas inscrite parmi les morts,
Ni les disparus, ni même les vivants.
Je vis comme une ombre qui passe,
Appartenant à personne, indigne d'une vie.
Je vis avec un seul espoir : qu'un jour,
Je puisse vraiment vivre.
Que nous puissions tous vivre.
Une bénédiction que nous n'avons ni vue ni ressentie.
Parfois je me demande si la vie est une bénédiction, un miracle,
Ou seulement un but lointain, à jamais hors de ma portée ?
Je ne connais pas la différence entre
Approcher de la mort et commencer la vie.
Je sais que les deux sont trop étroits
Pour m'accueillir.
Et s'il y a en moi un vœu impossible,
C'est le vœu de vivre

Les enfants ont changé

Marah Alaa El-Hatoum

Les enfants ont changé,

Mais ils portent encore quelque chose que nous, adultes, avons perdu :
Non pas l'innocence, mais l'essence même de l'enfance.
Même cela, pourtant, souffre comme nous
De la faim, de la peur, de la pauvreté, de la maladie.
Même l'enfance est tuée ici.
Nos enfants grandissent en croyant que la guerre est la vie.
Ils désirent des pommes comme si elles étaient des miracles
        impossibles autrefois à portée de main, aujourd'hui un rêve.
Ils pleurent quand le pain vient à manquer,
        Car pour eux, le pain est la ligne de vie de l'existence.

La vie ne leur enseigne qu'une chose :
Quelqu'un essaie de te tuer.
Alors cours. Fuis. Panique.
Si tu veux survivre.

Pleurs, cris, telle est devenue leur langue.
La faim, la peur, l'épuisement, tel est leur quotidien.
Nous craignons qu'un jour ils rencontrent des enfants
        qui ne vivent pas la guerre
Et réalisent la différence.
Si nous leur racontions ce que leur vie était avant la guerre,
ils comprendraient l'écart
Entre la vie… et la guerre.

Je connais un enfant qui est devenu orphelin
Avant même de naître
Avant que sa mère ne sache qu'il était un garçon,
Et non une fille.

Quand la nuit tombe

Marah Alaa El-Hatoum

Quand la nuit tombe,

Nous allons dormir à moitié affamés, à un quart vivants,
Et le quart restant aspirant à sombrer

Dans un sommeil profond et sans fin.

Mais alors, l'insomnie cruelle frappe
T'obligeant à revoir ta journée,
A te rappeler ton passé,
Et à contempler un futur qui n'offre aucune garantie.

Tu t'accroches à l'espoir.
Peut-être, un jour, un rêve audacieux se réalisera
Un rêve défiant la guerre et le siège,
Un rêve nourri non par la nourriture,
Mais par la seule volonté.

Les mots arrivent en images étranges et fugaces
Suivis de larmes,
Rappelant cette amère réalité.

Les rêves commencent à se flétrir.
L'imagination s'effondre, malade et épuisée, sur le sol.
Il n'y a pas de lit pour un être humain en guerre
Ni dans la réalité, ni même dans les rêves.

Les larmes coulent à flots
Comme si ta gorge avait soif d'eau un jour.
Le tonnerre gronde dans l'esprit,
Des torrents de larmes jaillissent
et pourtant, le silence reste toujours proche.

Chacun est piégé dans un sommeil
Qui ne le protège pas de la guerre.
Chacun vit ses peurs dans ce sommeil,
Redoutant de se réveiller pour découvrir
Qu'une de ces peurs est devenue réelle
Ou pire, redoutant de ne jamais se réveiller,
Et que l'espoir meure avec lui.

Personne ne trouve vraiment le repos,
Même dans le sommeil.

Soudain
un bruit sanglant,
des secousses violentes ébranlent la terre,
des pierres tombent du plafond,
déchirant mon silence et leur sommeil.

Les enfants innocents, élevés à croire que la guerre est la vie,|
    étaient terrifiés.
Ils ont crié, pleuré, paniqué puis se sont rendormis,
rejoignant les adultes dans les pièges de ce sommeil.

Mon esprit ne veut plus penser.
Mes yeux ont cessé de pleurer.
Mon corps est inerte.
Je dois rejoindre le sommeil.

Je change de position,
essayant de trouver un peu de confort sur le sol.
Je ferme les yeux au son de l'appel à la prière de l'aube :
Dieu est grand.

Lettre aux morts

Marah Alaa El-Hatoum

Je ne sais pas à qui je parle.
Je ne sais pas à qui adresser cette lettre.
Que devrais-je dire ?
Tout ce que je sais, c'est ceci : j'espère que tu vas bien.
Et j'espère que personne d'autre ne trouvera le chemin que tu as pris
et ne le suivra.
Mes condoléances à ceux que tu as laissés derrière toi,
les morceaux brisés d'êtres aimés
qui ont tenté de convaincre la mort qu'ils voulaient te rejoindre.
Aux enfants qui te gardent encore en mémoire,
sans jamais connaître ton héritage,

seulement que tu as été là un jour.
Tes mots vivront-ils ?
Ou mourront-ils, comme tout le reste autour de nous ?
Ou peut-être renaîtront-ils
chaque fois que nous sentirons que nous mourons
et ton souvenir viendra à nous,
embellissant cette réalité sombre.

Ô Allah, Créateur de lui et de moi,
allège notre douleur, pardonne-nous,
et accorde-nous le paradis éternel, pas cette courte vie.
Et fais que nous finissions nos vies par une fin heureuse.

La tragédie d'une étudiante palestinienne

Laila Lubbad

Ce fut le jour le plus sombre de ma vie.

Ce matin-là, pleine d'espoir et d'énergie, je me préparais à aller
à l'université,
le sept octobre, exactement à 6 h 30 du matin quand tout s'est effondré.

En un seul instant, la vie s'est retournée.
Mes rêves, mes ambitions, tous les chemins que j'avais tracés par des
années d'efforts,
se sont réduits en poussière.

J'avais passé des années à lutter contre la maladie, espérant voyager
pour me soigner
et briser l'étau de la pauvreté.

Mais en un battement de cœur, tout a disparu : ma maison, mes
souvenirs, mon enfance, mes réussites, tout réduit en cendres.

Depuis ce matin terrible, pas une heure ne passe sans que mon esprit ne
se noie dans des questions sur un avenir que je ne vois plus.

Reviendrai-je jamais entière ?
Mon corps guérira-t-il ?

Pourrai-je un jour respirer sans ce poids qui m'écrase la poitrine ?
Cette guerre finira-t-elle sans me laisser une nouvelle cicatrice,
    une autre tragédie à porter ?

Reverrai-je ma famille sourire comme avant ?
Arpenterai-je à nouveau les couloirs de mon université ?
Poursuivrai-je mes études, ou ce rêve aussi m'a-t-il été volé ?

Et pourrais-je…?
Et pourrais-je…?

Des questions sans fin résonnent dans mon esprit,
    et aucune n'a de réponse.

Je m'accroche à l'espoir que cette guerre s'achève.
Je rêve d'un jour
où mes pensées ne seront pas consumées par les traumatismes,
où mon corps ne sera pas transpercé de douleurs,
où m'asseoir, ou même dormir, ne sera pas un fardeau.

Il y a tant que je voudrais dire,
et pourtant je ne trouve pas de mot pour décrire toute la profondeur de
    ce que j'ai vécu.

Aucune phrase ne peut traduire pleinement la douleur de mon âme,
le silence de ma maison détruite, le cri enfoui dans chaque souvenir.

Tout ce que je souhaite si simplement, si doucement, c'est que mes
    rêves puissent un jour refleurir.

Que cette violence, ce génocide

sans fin, cette brutale élimination des vies et des espoirs,
s'arrête enfin.

Même si mes rêves étaient humbles, ils étaient miens.
Et ils méritaient de vivre.

Au cœur du déluge

Ruba Saqer

Des battements de cœur affolés
et une tempête de pensées emmêlées.
Je reprends mon souffle et me demande :
Est-ce la fin ?

Peut-être qu'un « non » résonnait encore en moi,
peut-être que la chaleur de ma famille
ravivait une lueur de calme en moi.
Mais c'était bien la fin,
la fin de l'innocence,
la mort des rêves de jeunesse
enterrés avant d'avoir vu la lumière.

Jamais je n'aurais imaginé que cela finirait par moi,
fuyant, courant à travers les décombres
qui étouffent ma poitrine,
et la faim me rongeant les entrailles.

J'ai laissé derrière moi les choses que j'aimais, ma maison !
Les yeux ancrés au passé,
les bras serrés autour de ma peur,
tandis qu'un film de souvenirs
défilait dans mon esprit comme des nuages chargés de larmes :
les rires d'un enfant courant après des papillons dans la ruelle,
la vieille femme murmurant des prières pour chaque âme,
et toi, ô jeune fille pleine de rêves,
où vas-tu maintenant ?

Depuis ce jour, je reste déplacée,
errante et me demandant : Où aller?
Pas seulement « où aller», mais « pour combien de temps ? »
Pour combien de temps mon peuple restera-t-il affamé, malade,
luttant pour survivre ?

Leurs yeux n'ont pas d'abri pour la vie,
ils débordent de nostalgie pour les esprits volés
et des années balayées comme de la poussière.

Leur regard brille de confusion, demandant en silence…
    Qu'est-il arrivé ici ?
Il est meurtri de pertes, fracturé de chagrin,
mais porte un éclat d'espoir.
Nous le voyons scintiller à l'horizon, s'élevant à travers les langues de
    fumée.
Nous le saluons, mais ne l'étreignons jamais.
Pourtant, il demeure le cœur battant de mon peuple.

J'écris ces mots au milieu des ruines.
Mon encre coule rouge, mêlée de sang.
Les cris des enfants résonnent dans mes oreilles.
Le sang continue de couler.
Et alors j'écris,
    non pas pour pleurer,
mais dans l'espoir que mes mots soient ceux qui survivront au déluge.

Gaza sous le poids de la guerre

Farah Akram Nofal

Nous voici à un tournant de la vie.
Nous voici au seuil de la mort et de l'adieu.
Nous voici, au milieu des cris de la mère du martyr.
Nous voici, au milieu des pleurs des endeuillés
    et des sanglots du nourrisson.

Qui donnera du lait à un nourrisson tout juste orphelin ?
Qui viendra réconforter la nostalgie de la veuve
    et la mère du martyr ?

Nous voici, à un pas de quitter nos bien-aimés.
Qui deviendra martyr aujourd'hui, et qui orphelin ?
Un instant de silence et de réflexion.
Qui nous a poussés dans cet abîme ?
Qui est responsable du sang qui coule ?

Déplacement et destin

Farah Akram Nofal

Libère ton âme et laisse-la chanter.
Que les navires jettent l'ancre à leur quai.
Nul ne reçoit que ce qui lui est destiné.
Il reste des ingrédients
que personne n'aurait voulu.
Nous étions en colère pour des choses qui ne nous satisfaisaient pas.
Les vents ont soufflé et les jours sont revenus pour nous offrir la patience.
Nous étions satisfaits, mais notre satisfaction n'a pas été prise en compte.
Après le mécontentement, vient ce que nous n'avions pas en tête.
Les jours reviendront vers nous…
Nous disons ; « Ah, si seulement nous avions été satisfaits du destin
     de notre Dieu. »

Vingt ans en temps de guerre

Heba Abuhussein

Demain, j'aurai vingt ans, deux décennies gravées de courage.
Mais ce n'est pas le courage qu'on chante,
c'est le courage qui saigne, endure et survit.

Aucun gâteau ne peut adoucir l'air saturé de fumée.
Aucune bougie n'est plus éclatante que les fusées
qui ont volé mon ciel, brûlé mes livres,
et réduit mes rêves en cendres et poussière.

Je devrais être dans des amphithéâtres,
avec mes stylos, mes projets et des rires discrets.
Mais je porte une blouse dans des couloirs brisés,
la main encore tremblante du passé.

J'ai recousu une plaie quand l'espoir avait disparu
et j'ai serré mon frère qui pleurait.
Ce n'est pas ainsi que la jeunesse devrait être.
Et pourtant, je tiens debout, je suis vivante.

▲ Heba Abuhussein

Je ne suis pas brisée, je suis flamme.
Des décombres de Gaza, je suis devenue
une voix pour ceux qui ne peuvent pas parler,
et un cœur qui, encore une fois, ose rêver.

À mes rêves

Heba Abuhussein

À mes rêves
Sur l'autre rive du fleuve,
je suis comme un sablier dont les grains s'écoulent.

Chaque fois que je tends la main vers l'autre rive,
les eaux ondulantes engloutissent mes coudes
comme un bocal scellé, son bouchon coincé dans le goulot.

Sur la première rive, où la pastèque est un symbole, Gaza.
Errant dans les murmures du bois de feu,
ma tête rayonne de la lueur des buts accomplis,
dévorés par les flammes de la guerre.

Tout autour de moi est silence,
sauf cette cellule maudite
où les sons résonnent l'un après l'autre.
Chaque bourdonnement qui s'y fait entendre est un rêve qui bouillonne
  dans ma tête.

Ces instants m'ont noyée de larmes
comme un saule courbé vers la terre,
non pas en prière, mais en un chagrin trop lourd à porter.
Ma passion ne faiblit jamais,
même quand la serrure rouillée, l'occupation
tente de l'étouffer.
Je rampe, j'avance lentement dans la pastèque, Gaza, en vain.
Plus je m'approche de mon rêve,
plus ses traits changent et s'éloignent,
comme pour tester ma patience et ma foi.
Les jours passent,
mais le rêve ne disparaît jamais tout à fait.

On me dit : Rêve !
Mais je suis née dans une terre où les rêves meurent de faim.
Les os de ma taille ressortent, aigus comme un fusil jaillissant
  d'une serrure rouillée, l'occupation.
Non pas de faim, mais de cette pastèque : Gaza.
Là où les rêves meurent aussi, affamés.
Pourtant,
une part de moi vit encore, d'une manière ou d'une autre.
Même si la serrure rouillée, rusée,
tente de bloquer mon chemin,
je continuerai à rêver.
Car il reste encore une place pour les rêves.

Pour atteindre les plus infimes détails,
je parviendrai au zénith avec mes rêves.

Vivre ce qui est intolérable à regarder

Farah Jeakhadib

Imagine-toi regardant des films de guerre, destructions partout, douleur profonde, meurtres de tous, innocents comme civils, et famine, tandis que tu restes assis là à regarder, soit avec douleur ou même avec stupéfaction.

Voilà ce que c'était pour moi, avant de vivre ce génocide moi-même. Un génocide qui a volé nos âmes et nos rêves, nous laissant corps sans âme. Non, il a aussi volé nos corps.

À présent, quand je regarde des films, je ne ressens rien. Comme si l'on m'avait arraché mes émotions. Un sourire sarcastique glisse sur mon visage et je me surprends à dire : « Ce n'est pas réel. »

Ce que nous affrontons est réel. Les tueries et la mort sont devenues notre routine quotidienne, voilà la réalité. Les bombardements qui ne distinguent pas les prétendus « lieux sûrs » des autres, voilà la réalité. La faim qui nous ronge, voilà la réalité.

La vérité se déroule au vu de tous, et le monde entier se contente de regarder ce qui ne devrait jamais être regardé sur aucun écran. Et le plus douloureux ?

Ils s'y sont habitués.

Le rêve de survie dans un monde sans pitié

Sara Aaed Abass Alkhaldy

Je ne sais pas où sont passés mes anciens traits,
ni comment les retrouver.
Une chaîne lourde et sombre de jours
s'est abattue sur nous sans prévenir.

Ils ont éteint nos esprits au sens propre du terme.
Ils ont effacé nos expressions

et les ont remplacées par des yeux noyés de larmes,
des visages creux.

Ils ont fait de nous des êtres dépouillés
de rêves, d'ambitions et de passion.

Ils nous ont laissé un seul souhait : survivre.
Et maintenant, même ce souhait
est sur le point de nous être volé.

Quelle ignominie que ce monde.
Un monde silencieux, diverti en regardant
des gens piégés dans un lieu
qu'ils ne peuvent même pas quitter
parfois brûlés vifs,
parfois déchiquetés,
parfois simplement morts de faim.

Un monde si honteux
que tu as honte d'en faire partie.

Sais-tu ce que l'on ressent
quand on croyait que ses plus beaux jours
venaient à peine de commencer,
quand on pensait que c'était enfin le moment
de poursuivre ses rêves,
quand on avait commencé à bâtir
la réussite imaginée depuis l'enfance, et qu'on se réveille
    face à une catastrophe
qui réduit tout en cendres
et arrache tous ceux qu'on aime ?

Maintenant, cette personne
ne fait qu'essayer de survivre à une nouvelle vie
sans maison, sans biens, sans souvenirs,
sans son plat préféré,

ni même assez de nourriture pour une journée.
Une vie purement primitive,
dépouillée du strict minimum de l'existence humaine.
C'est un sentiment proche de la pitié,
de la pitié pour soi-même,
car tu n'es plus rien.

Tu te sens invisible.
Tu es en dessous de zéro.

Je ne sais pas comment nous pourrons nous relever de cette tragédie.
Je ne sais pas comment celui qui rêvait tant
ne peut aujourd'hui que souhaiter revoir sa maison
et vivre une journée ordinaire d'autrefois,
pour guérir de cet enfer.

Je ne sais vraiment pas.

Notre liberté

Reem Alaa Khalel Al-Astal

Cela ne dure pas plus d'une seconde, ne voir que des ténèbres,
n'entendre que le bruit de bombes saturées de peur, attendre le moment
où tu t'évanouiras ou le mirage que tu t'es fabriqué, serrant les mains
tremblantes les unes des autres, priant pour que l'instant final soit plus
doux que les précédents.

Ici, au milieu de rien, debout pour affronter ton moment après qu'ils
ont affronté le leur, sans savoir quelle forme prendra ta mort, ni quand
elle viendra.

Courir, impuissant, attendre qu'un crime soit commis et qu'un miracle
advienne.

Tout est accompli, rien n'a changé, exprimant la force déshumanisante
qui nous frappe, sans savoir ce qui ou qui sera le prochain.

Nous cherchons l'humanité à appeler, mais elle a disparu depuis
longtemps.

Soit tu meurs, soit tu finis vivant comme un mort. Soit tu meurs de
faim, soit tu vis affamé, à un souffle de la mort.

Nous perdons nos vies, nos familles, nos amis, nos maisons pour
rien d'autre que parce que nous venons de ce lieu, de cette terre.

Vivre une vie ordinaire est-il réservé à ceux qui nous sont supérieurs ?

Pourquoi n'avons-nous que la forme la plus dure de l'existence ?

La souffrance et les difficultés ont-elles été créées spécialement pour nous ?

Toutes ces souffrances sont-elles dues au fait que nous venons de Gaza ?

Parce que tu viens de Gaza, tu connais une vie de torture, de famine, de déplacement, d'humiliation et plus encore. Tu ne peux jamais oublier les gens fuyant, cherchant les corps de leurs fils et filles, l'effondrement de ce grand immeuble avec un fracas terrible,

l'odeur de la ville emplie de fumée, de cendres et de cadavres, ou la rue jonchée de voitures brûlées et de corps réduits aux os.

On ne peut oublier les jambes arrachées, les bras éparpillés, ni ce visage de ton enfant innocent tué, et ce bras resté de ton autre enfant.

Je ne peux oublier cette veuve partie chercher à manger pour ses enfants, ou ce père parti chercher son fils, sans savoir qu'il était mort et ne reviendrait jamais.

Ce qui est encore plus douloureux, c'est de réaliser que tout ton dur labeur, toutes tes économies pour obtenir ce lieu appelé « maison », se sont évaporés, et qu'il ne te reste rien.

Et que dire du premier moment où tu apprends la perte de tes proches, les uns après les autres. Je ne peux toujours pas le concevoir, mais il est impossible de nier ce que nous affrontons.

Lis ceci et crois-le ou pas :
Notre liberté est née de l'occupation.
Notre liberté est faite de sang et de larmes.
Notre liberté s'est formée d'un passé douloureux que personne ne croit.
Notre liberté est faite de décennies de lutte pour être libres.
Notre liberté est faite d'un passé inoubliable, d'un présent de souffrance, et d'un avenir inconnu.

Que pouvons-nous encore faire ?

Gaza, je suis l'appel de la paix

Ola Abdullah Suleiman Sheikh Al-Eid

Je suis l'esprit qui s'élève là où fleurit l'espérance.
Je construis de nouveaux ponts dans la nuit qui s'éteint.
Je porte des rêves comme des oiseaux prêts à s'envoler.
Je suis le cœur de Gaza, grand et impérissable.

Mon nom est l'enfant tendant la main vers l'aube.
Mon nom est la mère dont l'amour perdure.
Je suis le murmure dans le silence de la nuit.
Je suis le souffle qui agite une lumière jamais éteinte.

Je tiens entre mes mains courage et grâce.
J'affronte les tempêtes, j'accueille chaque instant.
Je suis la maison où les rêves s'élancent.
Je suis la force qui brille même dans l'obscurité.

Je suis le désir profond de paix qui m'habite.
Je suis l'espérance qui nous unit tous.
Je secoue les branches d'olivier avec un immense amour
et j'appelle les peuples du monde : « Levez-vous,
        pour goûter à la grâce ! »

Je fais tomber la pluie comme des bénédictions du ciel.
Des cendres s'élève une lumière pure et neuve.
Je suis la colombe qui plane calme et claire.
La larme silencieuse d'un monde sincère et honnête.

Du passé, je bâtis un palais de paix.
Je tisse des fils pour que tous les conflits cessent.
J'envoie ma voix au-delà de l'horizon,
pour guérir la terre où résident les rêves.

Je fais chanter les rivières, les montagnes écoutent.
La distance s'efface entre les cœurs tendres.
Je suis l'espérance qui ne connaît pas de fin.
Je suis Gaza, où la paix fait naître la vie.

Gaza, je suis l'espérance inébranlable

Ola Abdullah Suleiman Sheikh Al-Eid

Je suis la voix au cœur du silence.
Un feu qui éclaire la fumée de la folie.
Je suis l'enfant au visage baigné de larmes,
rêvant encore d'un lieu plus sûr.

Des décombres, je trace des chemins de vie.
Je fais pousser l'espérance sur les bords en ruine.
Si la faim entre là où je demeure,
mon esprit s'élève libre, hors des chaînes.
Je suis l'espérance qui appelle.
La voix étranglée d'une mère.
Que l'aide entre, non les bombes ni la ruine.
Que des livres, non le feu, emplissent la nuit.
Que les branches d'olivier guérissent la terre,
non des poings de fer ni des mains fermées.
Ouvrez les portes, dégagez le rivage.
Que les lignes de vie atteignent chaque maison.
Je suis la lanterne quand la lumière faiblit.
L'ode de justice s'élève.
Que la miséricorde pleuve sur tentes et sable.
À la paix, amenez le monde à comprendre.
Je suis la faim, je suis l'appel
Debout, je ne tomberai pas.
Que nourriture et paix remplacent le combat.
Je suis Gaza, je suis ce qui est juste.

Sous le ciel sans merci

Samah Mustafa Youssef Bashir

Sous un ciel impitoyable, nous nous tenons debout,
non comme des ombres,
mais comme des flammes gravées
sur le sable gémissant.

Le monde passe vite devant nous.
Mille yeux,
pas un ne voit.
Mais nous écrivons nos noms dans la fumée,
dans les files d'attente pour du pain,
dans les berceuses chantées
près des balcons effondrés.

Ils pensent que nous sommes silencieux.
Ils pensent que nous sommes poussière.
Mais notre souffle se rebelle encore
dans chaque murmure de « pourquoi ? »
Chaque prière funéraire
s'élève comme une bannière
au-dessus des ruines.

Même la lune détourne son regard,
apeurée de voir ce qu'il est advenu
des enfants de sel et de soleil.

Mais nous ne cédons pas.
Nous portons nos défunts dans nos voix,
non pour pleurer,
mais pour nous souvenir.

Nous portons la ville dans nos cœurs,
ses pierres et ses chansons,
et cette lumière obstinée
qui refuse de mourir.

Un jour viendra, quand la fumée se dissipera.
Parmi nous, la justice osera marcher pieds nus.
Vous trouverez des poèmes fleurissant

des fissures de nos os,
Écrits non avec de l'encre mais avec de la vie,
une vie qui a refusé d'être effacée.

La voix de Gaza

Rawan Marwan Omar Matar

À Gaza vivait un petit garçon
rêvant de joie et de grande paix.
Il riait, jouait, courait libre
sous le soleil, près de la mer.

Mais l'obscurité est venue sans prévenir
et a volé son jour lumineux et plein d'espoir.
Plus d'école, plus de chansons, plus de jeux,
seulement peur et douleur chaque jour.

Sa maison détruite, son cœur brisé.
Plus de rires comme autrefois.
Le monde reste silencieux, pourtant il pleure
alors que les bombes tombent encore des cieux en flammes.

Ce n'est pas seulement un récit de guerre,
mais le chagrin des enfants, profond jusqu'aux os.
Alors entendez sa voix, un appel suppliant
pour que l'espérance se lève et que vienne la paix pour tous.

Le tourbillon du chagrin et l'espoir de survivre

Nour Mohammed Abusultan

Un désir si profond,
un chagrin si lourd,
un souffle étouffant,
un soleil couchant.

Des jours de vie qui s'échappent,
des questions sans réponse,
des pleurs sans larmes,
un esprit agité en lutte intérieure.
La même question résonne encore et encore :
Jusqu'à quand ?
Un tourbillon de pensées continue de m'engloutir,
m'entraînant au fond.
J'essaie de survivre de toutes mes forces.
Je prie mon Seigneur.
Les larmes débordent,
le cœur se brise.
Mais une espérance inébranlable en Lui.
Je Te confie, Seigneur,
toutes les portes et chemins fermés.
Car leurs clés sont entre Tes mains.
Et toutes les choses ardues,
les rendre faciles est simple pour Toi.

Je suis allée me coucher pour dormir

Nour Mohammed Abusultan

Ma journée s'est terminée.
J'essaie de dormir, mais,
comme toujours, l'insomnie m'étreint fermement.
D'innombrables bobines tournent dans mon esprit…
celle des événements du jour,
des instants, des mots, des expressions.
Je me blâme pour ce que j'ai fait,
ou peut-être… je me remercie
d'avoir survécu à une autre journée morne et épuisante.
J'essaie de penser à une nouvelle routine,
quelque chose, n'importe quoi,
pour ramener une étincelle de vie
dans mes jours sans vie.

J'essaie de me rappeler ce qui me rendait heureuse autrefois,
et alors une nouvelle bobine commence,
celle des souvenirs.
Celle qui autrefois me portait
dans les jours les plus sombres.
Mais maintenant…
L'instant qui jadis me faisait sourire
m'arrache des larmes.
Je m'empresse d'arrêter mes larmes de deux manières :
soit
Je minimise la raison de ma tristesse
en comparant mon chagrin à celui des autres :
« Il y a des gens qui ont perdu leur famille,
et toi tu pleures pour un souvenir. »
Je me rappelle :
Ceux avec qui j'ai créé ces souvenirs
sont encore en vie par la grâce de Dieu.
Il y a encore du temps pour en faire d'autres…
Encore meilleurs.
Ou bien
je me rappelle que je suis forte,
une combattante,
quelqu'un qui affronte la douleur et ne tombe pas.
Et alors… les pensées s'entrechoquent,
les souvenirs se percutent,
un tourbillon profond et lourd
qui m'attriste,
m'épuise.
Le sommeil finit par l'emporter.
J'espère seulement me réveiller
dans une réalité meilleure.

La grisaille de l'existence

Nour Mohammed Abusultan

J'ai l'impression d'être coincée,
entre le vide et l'existence,
entre l'ombre et la lumière,
entre chaos et silence.
Au fond d'un chemin obscur
qui ne mène nulle part,
ni à la vie pour m'en réjouir,
ni à la mort pour trouver repos.
Je suis un fil ténu suspendu
entre présence et absence.
Je déteste être piégée dans ce vide gris
ni assez blanc pour réjouir mon cœur,
ni assez noir pour l'attrister.
Juste gris.

Comme si mon existence
n'était qu'un écho
d'une voix inarticulée,
l'ombre jamais née d'une chose,
ni à éclore pour fleurir,
ni à tomber en automne.
Je passe d'un extrême à l'autre,
comme une étrangère oubliée par le destin
entre des portes closes.
Comme si j'étais dans un trou noir,
un vide m'avalant
dans des profondeurs infinies.
En moi, tout déborde de chaos,
comme une ville entière dans mon cœur
dont les murs se sont effondrés.

Devant moi, les portes se ferment quand je m'approche.
Les rêves s'éteignent quand je m'avance.

Un ouragan de questions, de doutes et d'hésitations
à chaque pas.

J'ai l'impression de marcher vers une nouvelle illusion.
Tout en moi est en tumulte.
La grande question demeure : « Jusqu'à quand ? »

Nous vivons une vie sans vie,
un printemps sans fleurs,
un hiver sans pluie,
un été dont le soleil
a brûlé existence et rêves,
un automne où je vois
les feuilles tomber et les rêves périr.

La ville oubliée

Waad Hamdi Allaham

Nous méritons de vivre.
Arrêtez le feu, la destruction.
Sauvez les blessés,
Soulagez la douleur.
Enterrez les morts et les ténèbres.
Que les enfants mangent du pain et des fèves.
Levez-vous pour la justice.
Ne nous laissez pas seuls.
Laissez-nous voir l'espoir, laissez-nous voir la vie.
Pourquoi êtes-vous muets ?
Êtes-vous satisfaits du génocide ?
Nous rêvons de paix.
Nous n'allons pas bien.
On nous tue sans cesse.
Nous sommes sous les décombres des immeubles, sous le soleil et sous
les tentes.
Entendez-vous nos voix ?

Nous venons d'une ville vivante qui rêve de vie.

Un olivier au-dessus d'une tombe oubliée

Sohair Rafat Hamdan

Je m'appelle Sohair,
mais on m'appelle Hala.
J'ai vingt automnes.
Mes pétales sont tombés depuis longtemps.
Ma vie est brève.

J'ai été sevrée dès mon premier jour.
J'ai rampé sur des seuils trempés de sang.
J'aime la vie,
et pourtant la vie m'a tuée mille fois.
J'aime la vie,
mais je n'en vis que l'amertume.
Je suis celle qui pleure la nuit,
qui rumine sa plainte le jour durant.

Pour une tombe oubliée
au-dessus de laquelle un olivier fut planté.
Pour un oiseau perdu
qui m'a croisée par hasard,
ses yeux remplis de larmes.
Et je marche encore.
Je marche le long des trottoirs de la vie.
Les passants me disent :
« Descends, marche sur les passages cloutés. »
Je m'en approche puis je recule.

Moi, contrairement aux autres,
je les fixe du regard.
Mes yeux rivés sur eux.
Ce sont des lignes blanches,
d'un blanc éclatant.
Mais je suis Palestinienne.
J'ai peur que si j'avance,
mes pieds soient tranchés.

Nous en mourons

Sohair Rafat Hamdan

Je fixe le plafond de la pièce,
tandis qu'en arrière-plan, les missiles explosent autour de la maison.
Ma maison n'est qu'une prison, une cellule plus vaste.
Avez-vous déjà vu des prisonniers amoureux du sol de leur cellule ?
Nous en sommes fascinés, et tués pour l'avoir aimé.
Nous en mourons littéralement.

Parle, écris. Documente. Capture, sans honte

Hada Mohammed Homaid

Parle des maisons détruites, des décombres d'histoires.
Écris sur l'homme brûlant dans les flammes, incarnation
    de l'anéantissement du monde.
Documente les foules d'innocents attendant désespérément
    de la nourriture,
car c'est devenu leur besoin le plus vital.
Filme pour que les spectateurs voient la famine, le génocide, la disette.

Oui, le monde regarde, mais personne ne bouge,
personne ne ressent.
As-tu déjà eu faim, sans avoir de quoi manger ?
Ils ne demandent pas des festins, seulement un pauvre morceau de pain.
Et ces enfants qui pleurent,
leurs ventres rétrécissant à cause de la famine.
Ces nouveau-nés mourant faute de lait,
dont le seul péché est d'être nés dans la plus grande tombe du monde.
Cette tombe est construite par l'oppresseur, l'occupant,
sous les yeux de millions qui prétendent défendre les droits humains
    et la démocratie.
Pendant ce temps, le peuple de Gaza est opprimé et étouffé.
Son plus grand espoir est de sentir un lien avec ce qu'on appelle
    « la vie humaine ».
Ils veulent dormir en sécurité.

Étudier dans des institutions académiques.
Trouver quelque chose, n'importe quoi à manger.

Chaque matin, ils marchent à la recherche du strict minimum
    de vie humaine,
de l'eau à boire, de l'eau pour se laver,
non pas dans leurs maisons, mais dans des tentes fragiles,
ou devrais-je dire leurs saunas,
dans la chaleur accablante de l'été, sous les explosions chimiques.
Les rues de Gaza sont pleines de désespoir,
épuisées par cette vie.
Et aujourd'hui, même les notables ont faim.

Les nobles de Gaza ne sont pas « affamés », on les affame.
Mais jamais ils n'auront faim en esprit.
Leur humilité et leur dignité les nourrissent
même quand leurs ventres sont vides.
Leur dignité est liée à cette terre.
Leur humilité est la vie elle-même.
[Bruits d'explosions]

Gaza... la ville indestructible

Nadeen Shadi Ahmed

Gaza n'est pas qu'une ville ;
c'est une histoire de patience et de résilience.
Pendant de longues années, elle a vécu sous blocus,
endurant bombardements et famine,
et pourtant elle a refusé de mourir.

Dans ses rues, parmi les ruines, la vie renaît.
Les enfants vont à l'école malgré la peur.
Les mères cuisent du pain au feu, au milieu des décombres.
Les jeunes sèment l'espoir à chaque coin de rue.

Chaque maison de Gaza porte l'histoire d'un martyr.
Chaque mère porte sa douleur,
et pourtant elle lève la tête et dit :
« *Mon fils est un héros, il est mort pour notre dignité.* »

Malgré les bombardements, l'appel à la prière s'élève.
Les prières se tiennent, et le drapeau flotte.
Gaza ne se plaint pas ; elle parle au monde :
« *Nous ne sommes pas seulement des victimes.*
Nous avons des droits, et nous ne partirons pas,
nous ne serons pas vaincus. »

À Gaza, tout parle de vie.
La patience sur les visages des gens.
La force dans les yeux des enfants.
La dignité dans la voix de chaque Palestinien qui dit :
« *Nous reviendrons, peu importe la durée de l'oppression.* »

Pièges à mouches de Vénus

Heba Abuhussein

Dans une terre jadis couverte de champs de blé et d'oliviers,
où les marchés regorgeaient de lentilles, de farine et de pain du matin,
nous marchons aujourd'hui dans la poussière.
Pas de blé. Pas d'arbres.
Pas même un soupçon d'huile d'olive ou de sel.
Les marchés résonnent seulement du vide.
La faim n'est pas un ventre creux ;
c'est un piège à mouches de Vénus, parfumé, gueule rouge,
qui nous attend comme des mouches.
Elle se nourrit de notre peau,
mord nos muscles,
mâche nos pensées,
jusqu'à nous faire oublier comment réfléchir.

Mon estomac se replie sur lui-même,
caverne silencieuse résonnant de plaintes,

tandis que la ghréline, lasse de supplier,
adresse ses dernières prières au cerveau.
Pas de réponse, seulement le silence.

L'acide chlorhydrique,
jadis soldat de la digestion,
se répand sans combat à mener,
brûlant le vide,
comme si mon ventre s'était retourné contre lui-même
dans une révolte muette.

Et pourtant, je reste assise,
cathédrale creuse de désir,
où même les enzymes murmurent « faim »,
comme des hymnes oubliés.
Pas mon estomac seul, mais nos estomacs – dans une pastèque.

Ma mère fait bouillir des pierres pour ses enfants,
afin qu'ils s'endorment sous la promesse du pain
dans le vent de demain.
Deux mères accroupies devant une tente.
L'une dit : « Je fais bouillir des pierres pour ma famille. »
l'autre dit la même chose.
Et de ces deux voix, le « je » devient « nous » dans une pastèque.
Pas ma mère, mais nos mères dans une pastèque.

Parfois,
j'attache des pierres à mon ventre
pour tromper la faim, apaiser ses grondements,
comme les mères apaisent un enfant qui pleure.
Les pierres sont notre pain.
Le silence est notre repas.
La nuit, des hommes accroupis devant leurs tentes,
tandis que femmes et enfants écoutent
autour du feu de bois.
Une voix dit : « *J'ai un peu de nourriture.* »
Une autre dit : « *Je n'en ai pas.* »
On pourrait résumer ainsi :
l'un dit : « *Nous avons peu.* »
l'autre dit : « *Nous avons assez pour survivre.* »
Et nous réalisons que la fraternité du pain nous relie,

que la faim nous apprend à dire « nous »,
car nous ne faisons qu'un.

Ici,
le pain est la vie.
Mais la vie est interdite.
La serrure rouillée – l'occupation – ferme les fours,
bloque le blé,
aveugle le ciel.
Même le soleil baisse les yeux et se détourne.

Pourtant,
le monde parle en silence,
ses voix nuages qui ne pleuvent jamais.
Ils publient des déclarations ; pas de la nourriture.

Aucune étoile dans mon ciel

Lina Khattab

Il n'y a pas d'étoiles dans mon ciel.
Pas de calme sur les vagues de mes rivages,
pas de vent doux, pas de soleil réchauffant.
Je suis feu, une braise ardente.
Alors prends garde, et sois patient,
jusqu'à ce que tu voies comment le jasmin, taché de mon sang,
devient un olivier portant mon identité.

Sois patient,
pour voir comment je renais après mille nuits et mille morts,
pour continuer une histoire qui ne prendra jamais fin.
La mort tente encore et encore de la réécrire.
Elle veut me voir affamée, effrayée, fuyante, seule.
Elle veut voler mon nom, mon identité,
en faire des pierres qui écrasent mon espoir.

Mais que c'est amusant ;
la mort pense que je peux mourir

tant que ma douleur brûle encore,
tant que je n'ai pas vengé chaque enfant assassiné,
chaque maison réduite en poussière,
et pas encore incendiée par ma rage flamboyante.

La mort me craint, même si je ne la crains pas ;
même lorsque son fusil vise mon cœur.
Elle me craint car je suis la vérité,
une vérité qu'aucune mort n'effacera.
Une vérité qui coule de mon sang à l'existence,
transmise par les lys et les oiseaux migrateurs,
portée par le vent qui chante mon nom.

Elle me craint parce que cette terre m'aime, me connaît.
Elle me craint car elle ne l'aime pas comme moi,
elle n'a jamais appris comment l'étroitesse de la vie ici
pouvait paraître vaste.

Elle n'a jamais appris comment je la traverse et continue de vivre,
comment je hisse mon drapeau au-dessus des ruines de ma maison,
comment je poursuis mon poème.

Je suis vivante, ici,
sur une terre qui me connaît,
que je connais.
Elle me console, je la protège, je la reconstruis.

Je réécris mes mélodies,
j'écris un bel espoir,
et une aube qui s'approche.

Mais mes larmes me trahissent.
Je ne vais pas bien.
Mon pays me fait mal.
L'horizon se referme.
Et encore une fois je reviens,
mes braises brûlant plus fort.

Qui éteindra le feu dans ma poitrine ?
Qui rendra les souvenirs et les compagnons ?

Je pleure et pourtant, je sais que j'ai gagné,
même dans ma perte.

La mort n'a pas volé ma voix,
la faim n'a pas brisé ma volonté,
la peur ne m'a pas fait oublier qui je suis.

Je n'ai jamais oublié mes revendications.
Je parie mon sang.
Et sur le mur derrière lequel la mort se cache,
j'écris :
Je n'oublie pas.

Je ris
de voir comment le fusil a transformé un nain en géant,
de voir comment l'humanité est devenue un chiffon en lambeaux,
de douces chaînes.

Je n'ai pas peur.
Je me suis tenue ici bien des fois.
Je connais si bien l'injustice qu'elle m'est familière.

Mais encore,
je rêve du jour
où mes rivages se calmeront,
où je mettrai fin à l'histoire de la mort
lorsqu'elle réalisera
que je ne meurs pas.

Que ma voix envahira les nuages,
et dispersera la pluie cachée,
jusqu'à ce que l'existence elle-même chante avec moi,
sur le chemin de mon retour
vers une patrie sans mort.

Nous sommes morts... tu as fait défiler

Wissam Yousef

Quelqu'un m'a demandé : pourquoi t'exprimes-tu ? Pourquoi écris-tu ?

Parce qu'ils veulent que nous mourions en silence ;
que nous disparaissions sans trace, sans histoire.
Nous écrivons car écrire est une résistance.

Nous partageons car le silence est complicité.
Le silence est un témoin qui ment.

Oui, beaucoup savent qu'il y a la famine à Gaza ;
mais savoir ne suffit pas.
Nous n'écrivons pas seulement pour que le monde « sache ».
Nous écrivons pour que personne ne puisse prétendre qu'il ne savait pas.
Nous écrivons pour qu'ils ne puissent pas détourner les yeux sans
    culpabilité.

Nous écrivons pour exposer.
Nous écrivons pour troubler leur confort ;
pour secouer les consciences endormies.
Nous écrivons pour que l'enfant mort de faim ne soit pas oublié.
Pour que les affamés aient des noms.
Pour que les assassins en aient aussi.

Moins cher que le pain

Jood Sabea

Donne-moi du pain, un pain entier,
ou même une miette brisée,
pour survivre aux jours creux.
Donne-moi des nouvelles
qui redonnent espoir à mes os.
Mens-moi, s'il le faut.
Dis-moi que la farine est en route,
que la guerre se termine,
et pose ta main sur mon épaule,
chuchote doucement à mon oreille :
« Ce temps passera, il passera. »
Donne-moi un sommeil profond, sans rêves,
qui me coupe de cette vie comme le fil d'une aiguille.
Réveille-moi
quand les enfants ne pleureront plus de faim,
quand les hommes ne tomberont plus de chagrin.

Réveille-moi
quand les affamés seront nourris,
quand la douleur aura disparu,
quand l'espoir ne blessera plus à porter.
Donne-moi un fil sur lequel rêver,
montre-moi le chemin.
Guide-moi.
Est-ce un péché de rêver de farine ?
La farine est-elle devenue une prière ?
Un souhait que nous murmurons dans l'obscurité ?
Mon sang est-il devenu eau dans vos mains ?
Mon sang est une rivière maintenant,
engloutissant tout ce qu'elle touche,
et pourtant tu n'as pas arrêté.
Mon rêve est devenu une miette brisée,
et tu l'as brisée,
tu m'as brisée.
J'erre,
cherchant mon moi,
ma dignité,
une miette pour apaiser les affamés,
un pain pour redonner le sourire aux enfants.
Je cherche une lueur
pour percer cette obscurité étouffante.
Je cherche un passé
où les enfants étaient nourris
et les pères tenaient debout, fiers, droits.
Où la ville était encore une ville
et les gens encore des gens,
non pas brisés par la faim.
Je cherche un passé
où la vie humaine n'était jamais moins chère
qu'un morceau de pain.

Tout ce que je demande, c'est de participer à la course

Saad Aldin Ahmed Muhanna

En tant qu'étudiant en ingénierie vivant à Gaza,
    j'ai l'impression de m'être perdu.
Je ne sens plus que j'ai de la valeur.
Qui pense à la science quand il y a à peine de quoi manger ?
Et même s'il y en a, la nourriture coûte un prix astronomique.
Qui cherche le savoir quand les bases de la vie lui sont arrachées ?
Même ma propre famille commence à me voir comme un fardeau,
une âme improductive, qui n'a rien à offrir.
Mais je ne suis pas cela.
Je suis seulement quelqu'un qui ose rêver.

Je rêve d'apprendre.
Je rêve de faire une différence.
Je rêve d'avoir une place dans ce monde, rien de plus.

Je me sens comme une voiture de course forcée à travailler
    comme taxi ;
le moteur rugit à l'intérieur, mais n'a pas le choix.
Je sais que je ne suis pas un étudiant brillant, pas exceptionnel.
Mais j'ai la volonté, les plans, le potentiel de créer
    quelque chose de réel…
pourtant je suis enchaîné.

Je ne demande pas de gagner.
Tout ce que je veux…
c'est le droit d'échouer, d'essayer, de tomber et de me relever.
Je veux apprendre ; même un peu, chaque jour.
Même un pas en avant, aussi petit soit-il.

Je ne demande pas de médailles.
Juste…
laissez-moi participer à la course..

Le pain des rêves dans les flammes de l'obscurité

Rawan Marwan Omar Matar

À Gaza, nous étions des enfants de dignité et de fierté.
Nos maisons étaient chaleureuses, le rire y vivait.
Nos rues étaient vivantes, nos cœurs aimants et lumineux.
Nous vivions d'un humble désir, généreux de lumière.

Mais les cieux se sont soudain embrasés,
et tout a changé ; la privation est devenue extrême.
L'occupation est venue comme une tempête sauvage,
anéantissant notre enfance d'une manière impitoyable.

Pourtant, ce qui me blesse le plus, au-delà du désespoir,
c'est la faim, ce tueur en plein jour, mis à nu.
Un siège lent, impitoyable, si cruel, si sombre,
éteignant les esprits, laissant des vies ternes.

D'abord la viande a disparu, puis les fruits,
même le pain est devenu un vœu silencieux au fond de nous.
Même les riches ne trouvent plus à manger.
L'argent est figé, les esprits aveuglés par la tromperie.

Nous luttons aujourd'hui pour une bouchée de pain,
tués alors que nous affrontons la faim, tête haute.
Ils laissent entrer un camion de farine ou deux,
puis nous bombardent alors que nous accourons, pleins d'espoir.

Ils appellent cela de l'aide… alors que nous sommes massacrés.
Nous savons que ce sont des tueries, nos larmes en témoignent.
Nous faisons la queue, fragiles fils d'espoir en main,
pour tomber, martyr après martyr.

Un enfant est mort de faim dans un silence si cruel.
Une mère, les côtes tremblantes, a fait une fausse couche.
Un vieil homme s'est évanoui, les jeunes se sont effondrés.
Et les chemins ont été arrosés de nos larmes.

Je mange moins pour que mes frères et sœurs soient nourris.
Je regarde ma mère mourir de faim en silence.
Mon père se bat pour notre pain quotidien,
tandis qu'une agonie muette déchire ce qui n'est pas dit.

Ce n'est pas la pauvreté ; c'est un siège.
Pas de l'impuissance, mais de la trahison et de la fatigue.
Où es-tu, ô nation d'un milliard d'âmes ?
Un oiseau affamé resterait-il invisible à vos yeux ?

Que Dieu bénisse Omar, le juste et grand,
qui jeûnait pour que chaque enfant comprenne.
Mais aujourd'hui, les cœurs sont devenus durs comme pierre,
et les portes de la miséricorde restent closes.

Nous ne pouvons plus endurer cette douleur.
Notre réalité maudite défie même la plume.
Mais nous restons, malgré l'injustice
accrochés à l'espoir, criant dans le vide.

Notre jour

Ahmed Raed Mohammed Farhan

Jour après jour, nous sommes sacrifiés.
Jour après jour, une lumière s'éteint dans nos yeux.
Jour après jour, l'espoir cesse de voler.
Jour après jour, la mort se rapproche de nous.
Et nous continuons à poser une seule question :
Qui arrêtera le génocide ?

Si tu veux de la farine, avance

Wissam Yousef

Ce n'était pas de la fiction.
Ce n'était pas un film.
C'était Gaza : ensanglantée, affamée, trahie.

Par un après-midi suffocant et gris,
des jeunes hommes sont sortis des cendres de la guerre,
des tentes déchirées par le vent et le feu, dans le nord de Gaza.

Pieds nus, les yeux creux,
ils ne couraient pas pour fuir, mais pour survivre.

On leur avait dit : « Il y a de la farine à Al-Waha. »
Et à Gaza, la farine, c'est la vie.

Des témoins disent qu'ils se sont approchés du point d'aide ;
ne portant aucune arme, seulement le poids de la faim et les dernières
     lueurs d'espoir.

Puis une voix a retenti de loin :
« Levez les mains… passez devant les tanks…
Si vous voulez de la farine, avancez. »
Environ 200 âmes ont avancé vers cette promesse ;
une promesse enveloppée d'acier et de tromperie.
Pas à pas, comme une procession de fantômes, ils avançaient.

Et juste au moment où leurs doigts touchaient les sacs de farine,
les balles ont lacéré l'air.

En quelques secondes, le sol était inondé de sang.
Plus de 40 ont été massacrés,
leurs rêves brisés dans le silence.

Plus de 100 blessés, rampant pour respirer
sous la fumée et les cris.

Aucun avertissement. Aucune pitié. Aucune humanité.

Juste un piège où la faim était l'appât
et la mort la récompense.

Ce n'était pas une scène d'histoire lointaine.
C'est Gaza, maintenant.

Où un sac de farine coûte ta vie.
Où la famine est une arme.
Où les êtres humains sont chassés
pour avoir osé vouloir du pain.

Ce n'est pas une tragédie.
C'est un crime contre l'humanité.

Et le monde a regardé.
Et le monde est resté silencieux.

▲ Mariam Marwan Malaka

Souhait perdu

Mariam Marwan Malaka

Et j'aurais voulu être partie avant toi ou avec toi.
J'aurais voulu embrasser le front de la liberté.
J'aurais voulu que mon baiser te parvienne de ton vivant.
J'aurais voulu que, lorsque le sommeil franchit les paupières lourdes de
    chagrin,
il te trouve en attente.

J'aurais voulu qu'il y ait eu, au moins, un adieu,
un adieu dans lequel je me serais laissé mourir en sanglots,
pour qu'ils portent mon cercueil et le tien, côte à côte.

Ce fut un départ cruel, bien-aimé ;
dont la cruauté s'accroche à chaque battement d'horloge,
implacable, inflexible.

Quel départ fut-ce là ?
Sur les rives de l'adieu et du départ à la fois,
de fines mains sont restées suspendues,
des larmes brûlantes ont été crucifiées,
et les âmes des amants se sont effondrées.

Ô doux, ô bienheureux... tu fus jadis un rêve
et, ces jours-ci, un cauchemar qui ne passe pas.

L'âme ne parvient pas à l'expliquer.
Une question enveloppée de mille peurs
te laisse morcelée,
déchirée de toi-même.

Où es-tu allé sans moi ?

Et moi, que suis-je devenue ?
Combien de temps dois-je encore demander ?

Le gémissement de la mémoire s'élève à chaque aube.
Je me fige,
et je me consume,
faible, si faible.

Je soigne des blessures que je n'ai pas causées.
Tout ce que j'ai fait, c'est de m'être consacrée à la vie
Mais ce sont les ténèbres qui m'ont saisie.

Et maintenant ?
Dans ton départ, as-tu trouvé la félicité éternelle ?
As-tu trouvé une amante fidèle ?
As-tu laissé une place derrière toi
pour la bien-aimée liée à un amour fugace
et à la douleur éternelle de la séparation ?

Les souvenirs demeurent en elle,
tourmentés d'un désir enchaîné dans un dénuement nu.
Un rêve l'enveloppe au bord de l'illusion,
dansant un instant, s'effondrant le suivant.

Quel sens y a-t-il dans un tel amour ?
Un bien-aimé dans un mirage...
et une amante perdue à jamais.

Quand les mots ne suffisent plus

Mariam Marwan Malaka

Je ne crois plus aux mots,
et il n'y a aucun moyen de fixer les lettres ici.
Je me suis habituée seulement au gris de la vie
car le sentiment a vraiment disparu,
et les plaisirs s'évanouissent comme des cendres dans le vent.

Ô toi, qui défies les larmes,
prête-moi un peu de ton défi
juste l'excédent, la part dont tu n'as plus besoin.
La douleur s'intensifie,
l'âme recule,
et les yeux prélèvent leur dû en torrents de larmes.

Mais les étreintes, elles, ne reviennent pas.
Elles ne reprennent qu'après la vie.

Ô humain,
sois rêveur,
afin de mériter les étreintes qui t'attendent
à l'heure de la mort.

Qui a dit que la mort devait être crainte ?
Laisse-moi parler de ma mort,
ô toi qui vis encore, en corps et en cœur.

Quand je mourrai,
je rencontrerai le bien-aimé,
et le désir s'abandonnera enfin à celui qu'il a poursuivi.

Oui,
je rencontrerai le bien-aimé,
et j'enfouirai mon visage dans sa vaste poitrine.
Je dirai :
« Je suis venue à toi, mon amour. Je suis venue ;
les âges m'ont usée, m'ont broyée. »

Tu me diras combien de temps tu as attendu,
et je te dirai les larmes qui m'ont humiliée.

Je te dirai les nuits où l'horloge sonnait le souvenir,
où la brise des moments heureux revenait,
et où les tempêtes de ton sourire envahissaient mes pensées.

Je te dirai les larmes tombant sans fin,
jusqu'à ce que mes paupières se flétrissent dans le sommeil,
souhaitant ne jamais me réveiller,
alors que les rêves se dissolvent dans le Kabul du temps.

Je te dirai les heures du désir,
et les griffes de la nostalgie.

Je te dirai mes sommeils près de ta tombe,
une mort temporaire,
espérant que tu reviennes vers moi.

Je secoue le sable de ta tombe et je crie :
« Reviens ! Tu me manques… je suis seule. »

Je te dirai le vœu de mourir mille fois,
déchiquetée, plutôt que de vivre à souffrir
pour un bien-aimé qui repose maintenant satisfait auprès de
    son Seigneur.

Je te dirai,
et je te redirai encore
l'histoire s'étend.
Et l'histoire s'étend encore…

Tandis que le cœur supplie :
je ne crois plus aux mots,
et il n'y a aucun moyen de fixer les lettres.

En deuil

Mariam Marwan Malaka

Alors que je suis encore couchée,
me remettant de la blessure laissée par un coup porté à l'âme,
ici – le sang se mêle aux larmes,
et les baisers d'adieu qu'on m'a refusés
sont piégés entre les lignes, là où les lettres refusent de couler.

Alors je n'écris rien.
Pour toi – toi – qui n'es plus là.

Ma plume gémit en deuil, te pleurant :
« Pourquoi écris-tu ?
Est-il encore en train de lire ?
S'il ne lit plus,
alors dépose-moi et laisse les pleurs être ta seule langue. »

Seule –
et je resterai seule.

Je lève les yeux vers le ciel
et j'y vois notre reflet retenu dans un nuage –
un nuage qui a refusé de rester.

Il me parle de séparation, et de l'amour du martyre.
Je réponds :
« Je crains la séparation – je ne l'ai jamais connue ! »

Et tu réponds :
« Par moi, tu la connaîtras maintenant. »

Et me voici,
déchirée dans sa mer,
incapable de reprendre mon souffle,
incapable même d'entendre un écho.

Contre ma volonté, j'écris maintenant,
débattant les bourres de mots chagrins.

Un instant, ma plume se rebelle,
monte son destrier et fuit – ne laissant derrière elle aucune lettre.
Un autre instant, elle glisse un vers sur toi –
et les langues s'indignent.

En ton deuil,
tout le monde écrit,
tandis que je serre mes mains fort,
tentant de ne pas écrire.

En ton deuil,
tout le monde pleure,
tandis que je reste figée à l'instant où ta présence est devenue mémoire.

Je presse tes mots contre ma poitrine ;
des mots partis avec toi,
ainsi que des promesses, des rêves et de la lumière.

Et pourtant je te sens à mes côtés,
soignant mes blessures,
apaisant mes soupirs et mes gémissements.

Je n'ai pas encore accepté ton départ
comment le pourrais-je ?
Quand tout ce que l'on appelle acceptation sonne comme défiance !

Tombes silencieuses

Mariam Marwan Malaka

Là où réside la pâleur et où demeurent les tombes,
le fossoyeur contemple avec indifférence.
Le pavé est taché de sang ;
je marche lentement, mes pas s'effacent.

Une fontaine de sang…
sans limite, sans retenue.

Le commencement s'achève
dans un sanglot discret, écrasant.

Auprès des morts, je m'allonge.
La lune est lumineuse,
mais j'y cherche ta lumière.

J'essaie d'éviter l'odeur des morts,
mais à quoi bon ?

Que ne donnerais-je pas
pour que la vie revienne, juste un instant,
un instant pour étreindre la chair, et non la terre ?

L'âme est âme,
et son tourment, impitoyable.

Je t'ai apporté des fleurs fraîches.
Reviens à la vie !

La folie a saisi l'esprit.

Même les tombes se lassent de ceux qui s'attardent ;
elles se fatiguent de nos cris.

Ce n'est plus un lieu de repos.
L'inquiétude de l'âme a dérivé
sur un cœur flétri.

L'obscurité de ton absence
a écrasé mon droit de vivre.

La perte est amère, si amère.
Pourtant même l'amertume se dissout
dans l'ivresse de brefs instants.

Depuis la vieille maison hantée par la mort, je pleure ;
des fils de désolation pendent à chaque coin.

Les cadavres d'araignées séculaires se multiplient,
et le cri du hibou se rapproche.

Inévitablement, les scorpions voguent,
et bientôt,
le temps se noiera.

Tous mes tourments,
toutes les traversées d'épées,
ne sont rien
comparés au souvenir
d'un seul instant passé avec toi.

Depuis ton départ,
je n'existe plus.

Ou peut-être le commencement

Mariam Marwan Malaka

La guerre prendra fin…
le chagrin passager s'éteindra…
et ce vide éternel s'installera.

Mais moi
je resterai, attendant la trace de ton esprit tendre contre mon cœur,
feuilletant parfois des souvenirs qui refusent d'avancer.

Elle prendra fin…
et je resterai,
la seule à veiller près de ta tombe,
apportant des fleurs fraîches et murmurant :

« *Emmène-moi avec toi, vers toi, dans l'abri de tes côtes, comme toujours.* »
Tu recueilles de moi chaque soupir et gémissement,
et tu leur fais place.

Elle prendra fin…
et je demeurerai encore
dans les recoins de la mort,
Espérant ardemment ton retour

Quant aux recoins de l'amour
je suis une vagabonde, une vagabonde, une vagabonde…
égarée sur le chemin,
aveugle de cœur, et bientôt d'yeux.

Un être est humilié à la mesure de son désir
et moi, par le mien, je suis anéantie.

Où es-tu ?
Qui portera cette misère enchaînée loin de moi ?
Chaque nuit, je soupire de la brutalité du sentiment
et cela me brise.

Combien de temps resteras-tu là-bas, tandis que je reste ici ?

Cette distance mensongère disparaîtra-t-elle jamais ?

Je suis prisonnière d'une vie fragile,
une vie sans toi, sans ton amour.
Il ne reste rien que la sécheresse.

Je suis celle qui tombe, l'amante,
trouvée par l'amour dans les profondeurs de l'âme,
me disant :
« *Ressens les douleurs de la séparation.* »

Mais que puis-je faire ?
Pour quel péché suis-je écrasée ?
Comment de telles choses me sont-elles infligées,
qui ne devraient l'être à personne ?

Elle prendra fin.

Gaza... Quand elle suffisait à nous rendre heureux

Aseel Shaban Nahed Elmabhouh

Gaza ? Elle était le monde entier.

Je me réveillais aux voix des vendeurs ambulants dans la ruelle,
À l'odeur du pain de ma mère,
Et au rire de mon frère qui préparait déjà notre fugue vers la mer avant
     que le soleil ne s'éveille.

Gaza était simple, chaleureuse, honnête.
Nous ne lui demandions pas grand-chose,
Car elle nous offrait tout :
l'amour des gens,
La chaleur de nos foyers,
La lumière des bougies, même quand l'électricité s'éteignait,
Comme pour nous dire : « n'ayez pas peur, la lumière est encore en vous. »

Gaza signifiait sécurité malgré la pauvreté.
Joie malgré l'épuisement.
Espoir malgré tout.
Elle nous suffisait.

La mer était une étreinte.
Le ciel n'effrayait pas.
Et le rire, le rire était vrai.

Tout en elle était bonté…
Les gens, les rues, même les foules,
Même les pierres sur lesquelles nous nous asseyions au bord de la
      maison.

Mais soudain,
Comme si nous nous étions réveillés d'un rêve.
Les maisons qui autrefois incarnaient la sécurité… se sont effondrées.
Les visages que nous connaissions… ont disparu.
Les rues où nous courions… sont devenues des rivières de sang.

La Gaza d'aujourd'hui n'est pas celle que nous connaissions.
Elle est devenue une plaie dans le cœur,
Une image brisée.
Tout est devenu lourd désormais…
Même l'air.
Même le sommeil.
Même l'espoir.

Les gens ont changé ;
Ou peut-être sont-ils seulement fatigués.
Les enfants ne jouent plus comme avant ;
Ils savent bien plus qu'ils ne devraient à leur âge.
Et les sons que nous aimions jadis
Se sont transformés en explosions,
En cris,
En alertes de dernières nouvelles.

Et quand je me suis demandé :
« Pourquoi ? Que s'est-il passé ? Qui est responsable ? »
Je n'ai trouvé aucune réponse.

Chaque camp tirait Gaza de son côté.
Chaque parti décidait de notre destin sans nous demander.
Et chacun justifiait sa douleur… avec notre sang.

Ceux qui avaient des armes les ont utilisées.
Ceux qui avaient du pouvoir nous ont ignorés.
Et ceux qui nous avaient promis la vie nous ont livrés à la mort.

Et nous ?
Nous nous sommes perdus entre eux.

Je ne veux pas accuser,
Je ne veux pas nommer,
Mais je sais que tous ont eu tort.
Tort de mépriser nos vies,
Tort de nous exploiter,
Tort de nous oublier,
Tort de nous faire payer le prix seuls.

Gaza n'est pas seulement une nouvelle de dernière heure.
Pas seulement une bande de terre assiégée.
Gaza était le rêve qui nous suffisait ;
Mais aujourd'hui, même rêver est devenu interdit.

Avant la guerre,
j'étudiais dans l'une des plus belles universités.
J'avais de l'ambition, des projets, un avenir que je construisais pas à pas,
Avec chaque livre,
Chaque cours.

Mais tout s'est arrêté.
Mes études se sont arrêtées,
Comme ma vie.

Et pourtant… je n'ai pas abandonné.
Je rêve encore de terminer mes études universitaires à l'étranger,
Loin de la peur,
Loin du vacarme.

Je veux étudier la traduction en anglais,
La filière que j'aime
Parce que je crois au pouvoir des mots.

Et je veux utiliser les miens pour porter ma voix,
Pour porter notre histoire au monde.

Je ne suis qu'une voix de Gaza.
Mais peut-être…
Peut-être que quelqu'un m'entendra.
Quelqu'un croira en ce rêve,
Ressentira la perte,
Et verra en moi une étincelle d'espoir jaillir des décombres.

Si je dois être un numéro

Dania Abusaqer

Si je dois être un numéro,
peux-tu me dire lequel ?
Un chiffre ?
Deux, trois, quatre, cinq, six ou sept chiffres ?
Peux-tu me dire quand viendra mon tour ?
Si c'est aujourd'hui, devrais-je dire adieu à hier ?
Jeter tous mes rêves,
laisser les vieilles photos dans le passé,
manger davantage sans peur de grossir,
ou de briser la balance avec la douceur que j'ai acquise,
élargir mon cœur et répandre l'amour,
sourire aux inconnus sans raison,
pardonner à ceux qui sont partis sans adieu,
étreindre plus longtemps, laisser le temps s'étirer dans mes bras,
danser sans musique,
laisser le silence chanter pour moi,
brûler chaque « et si » dans une cérémonie silencieuse,
faire la paix avec le miroir,
chuchoter merci à Dieu,
prier une dernière fois,
et peut-être, juste peut-être,
planter une graine là où je pensais que rien ne pousserait.
Et écrire mon dernier poème pour qu'on se souvienne de moi.

Entre la faim et le silence

Samah Mustafa Yousef Bashir

Les vieillards chancellent dans les rues
Non sous le poids des années,
mais à cause de ventres s'effondrant dans leur propre vide
comme s'ils dévoraient de l'air.

Les enfants ont cessé de jouer,
non parce qu'ils étaient fatigués,
mais parce que le rire, lui aussi,
demande des calories.

Ils ont fermé les balançoires de la ruelle ;
la joie est devenue un luxe.

Même le bruit d'un ballon
est agaçant désormais
pour quelqu'un qui n'a pas mangé depuis deux jours.

Et les vendeurs ?
Les voilà, polissant leurs langues
avec des promesses,
augmentant le prix du pain
chaque fois qu'une âme tombe.

Ils sourient en comptabilisant le compte des affamés,
comme si la faim était un commerce,
et les gens, un banquet.

Quant à l'occupation,
et à ceux qui osent parler en notre nom…
ils sont les maîtres de la scène
mettant en scène des « négociations »,
avec le maquillage d'une « trêve »,
et le scénario de « l'aide en chemin ».

Ils nous administrent une dose d'anesthésie à chaque réunion,
pour que nous restions à moitié conscients,
à moitié morts,
à moitié pleins d'espoir.

Ils disent :
« Le calme en échange du pain. »
Alors nous leur remettons notre silence
et avec lui, ils prennent nos dernières miettes.

Ils disent :
« La patience est la clé du soulagement. »
Alors nous attendons plus longtemps,
jusqu'à ce que la clé explose dans la serrure.

Ils disent :
« La trêve est proche. »
Et nous les croyons.
Nous préparons nos ventres
pour un repas ajourné…
Nous attendons…

Et la faim grandit,
tandis que les mots rapetissent.

À Gaza,
la faim n'engendre pas la soumission.
Elle réveille la révolution de son sommeil.

Nous ne mourrons pas de faim,
nous vivrons comme du feu.

Et quand le monde aura fini de nous nier,
nous serons le nouveau blé,
et la flamme qui cuit
le festin à venir.

Epilogue

Au cœur de la souffrance naissent les mots – et la créativité pousse de sous les décombres.

Ce livre est bien plus qu'un recueil de pages écrites ; il est l'écho d'âmes résilientes et le cri de plumes qui ont parlé quand les voix ont été réduites au silence.

Au milieu de la dévastation de Gaza, un groupe de nos étudiants a pris la plume, capturant la vérité brute de la vie sous siège. Leurs mots reflètent l'insoutenable souffrance qu'ils endurent – non seulement comme étudiants aspirant au savoir, mais comme habitants piégés dans une guerre implacable de famine et d'effacement. Ce livre est le miroir de leur douleur, le témoignage de leur résilience, et un appel lancé au monde pour qu'il écoute.

Professeur Dr. Omar Kh. Melad
Président de l'Université Al-Azhar – Gaza
2 août 2025

Remerciements

Nous dédions ce livre à tous les étudiants qui y ont contribué, et à ceux qui n'ont pas pu le faire parce que leurs vies furent tragiquement interrompues, ainsi qu'aux membres du personnel universitaire et à leurs familles.

Nous exprimons une gratitude particulière à **Mona J. Al Khazendar** de l'Université Al-Azhar de Gaza, pour son soutien essentiel dans la collecte de ces écrits d'étudiants à Gaza – un effort d'une valeur et d'un dévouement immenses.

Nos remerciements les plus sincères vont également à **Viviane Nono Simo, Ghid Maatouk, Dalia Taleb, Lena Taleb, Alain Alameddin, Mahmoud Elhajhasan** et **Naïma Chalour** pour leur précieux travail de traduction de ce livre en français. Grâce à votre sensibilité, votre attention et votre engagement à préserver la profondeur émotionnelle, la nuance et l'authenticité des voix de ces étudiants de Gaza, leurs histoires ont pu résonner profondément au-delà des langues et des frontières.

Ce livre porte en lui de nombreux cœurs. Merci de nous avoir aidés à les porter avec soin.

Par Dieu, un cœur est terrifié par la séparation,
accablé de chagrin, et une paupière trempée de larmes.

– Mariam Marwan Malaka

Informations de sécurité UE

Éditeur : Daraja Press, PO BOX 99900 BM 735 664 Wakefield, QC J0X 0C2, Canada

info@darajapress.com | https://darajapress.com

Représentant GPSR autorisé dans l'UE : Easy Access System Europe – Mustamäe tee 50, 10621 Tallinn, Estonie · gpsr.requests@easproject.com

Pour toute préoccupation liée à la sécurité des produits dans l'UE, veuillez nous contacter à : info@darajapress.com

www.ingramcontent.com/pod-product-compliance
Lightning Source LLC
Chambersburg PA
CBHW070111030426
42335CB00016B/2104